U0129348

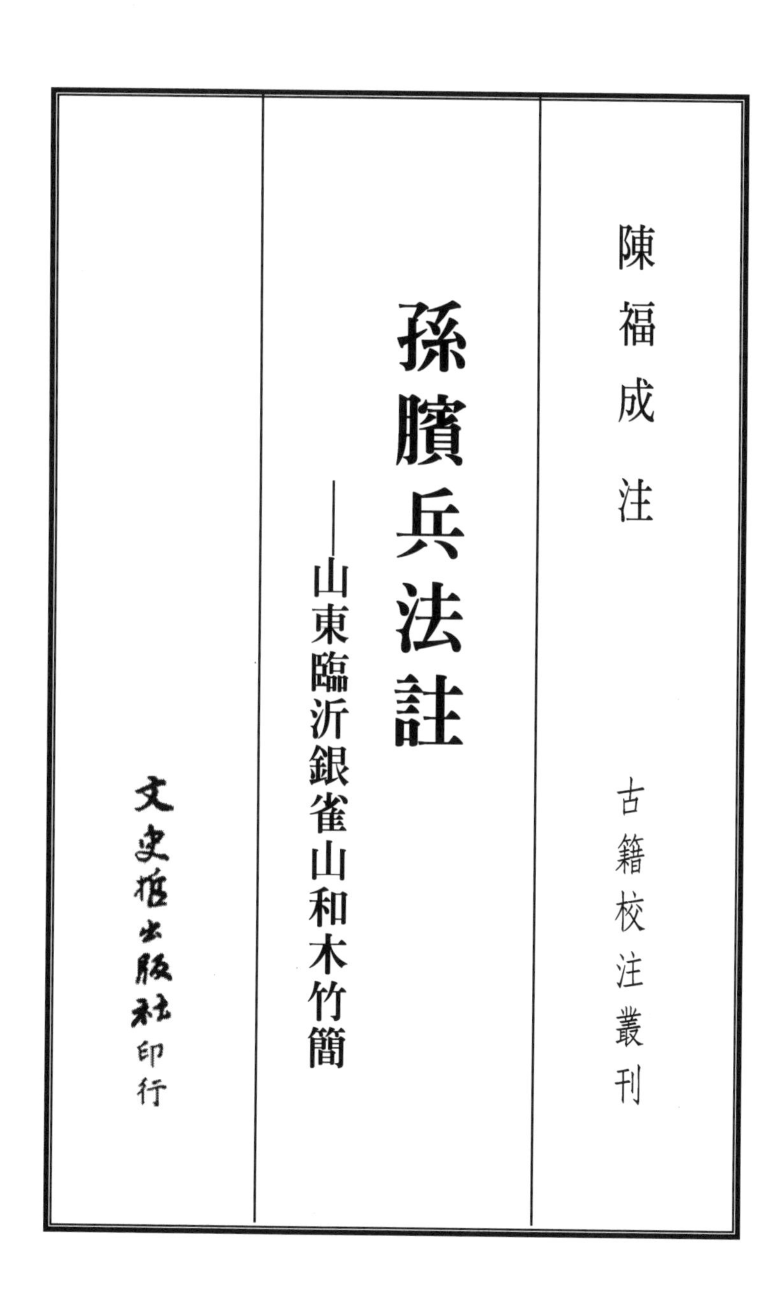

陳福成 注

古籍校注叢刊

# 孫臏兵法註

——山東臨沂銀雀山和木竹簡

文史哲出版社印行

國家圖書館出版品預行編目資料

孫臏兵法註：山東臨沂銀雀山漢墓竹簡 / 陳福成注 -- 初版 -- 臺北市：文史哲出版社, 民 111.12
頁； 公分. --（古籍校注叢刊；3）
ISBN 978-986-314-624-7（平裝）

1.CST：孫臏兵法 2.CST：注釋

592.092 111020883

古籍校注叢刊 3

# 孫臏兵法註

## 山東臨沂銀雀山漢墓竹簡

注 者：陳 福 成
出 版 者：文 史 哲 出 版 社
http:// www.lapen.com.tw
e-mail：lapen@ms74.hinet.net
登記證字號：行政院新聞局版臺業字五三三七號
發 行 人：彭 正 雄
發 行 所：文 史 哲 出 版 社
印 刷 者：文 史 哲 出 版 社
臺北市羅斯福路一段七十二巷四號
郵政劃撥帳號：一六一八〇一七五
電話886-2-23511028 · 傳真886-2-23965656
定價新臺幣二八〇元
二〇二二年（民一一一）十二月初版



ISBN 978-986-314-624-7 19213

# 自序　關於《孫臏兵法註：山東臨沂銀雀山漢墓竹簡》附桂陵、馬陵之戰

孫臏，在我們中國民間社會常民百姓中，有極高的知名度，筆者小時候，即聽老一輩人講「孫臏下山」、「孫龐演義」。早年，電影、電視和地方戲劇，如台灣歌仔戲、布袋戲等，都演過孫龐故事。

但是《孫臏兵法》一書，則極為神秘、傳奇，在班固著《漢書藝文志》載有「八十九篇、圖四卷」，惟二千多年來，從未有人見過，直到一九七二年四月，在我國山東的一座古墓被發掘。

一九七二年四月，大陸的考古學家，在山東省臨沂銀雀山發掘兩座西漢初年所埋葬的古墓，出土了《孫武兵法》、《孫臏兵法》，還有其他典籍竹簡，包含

《管子》、《晏子春秋》、《墨子》、《六韜》、《尉繚子》以及曆譜等，共四千九百四十二枚竹簡。

經過大陸專家整理，一九七四年二月，北京文物出版社發行的《文物月刊》，發表了三篇文章，分別是：〈山東臨沂西漢墓發現孫子兵法和孫臏兵法等竹簡的簡報〉、〈略談臨沂銀雀山漢墓出土的古代兵書殘簡〉、〈臨沂漢簡概述〉。

至此，《孫臏兵法》始為外界所知，該書（竹簡）最後在漢武帝（建元元年，前一四〇年—後元二年，前八七年，在位五十三年）初年埋入墓中。到一九七二年出土，約在墓中埋藏了二千一百多年。按出土竹簡，並非《漢書藝文志》所稱八十九篇，而是三十篇孫臏之原作，判斷八十九篇是偽作。

此次出土之臨沂漢簡，其孫臏兵法部分，共有四百四十餘個竹簡，部份竹簡已殘損，字跡壞滅，經整理依其原目次，分成三十篇，共約一萬一千多字。全書壞損雖多，仍可見孫臏兵法思想之全貌。惟此中華民族重要之文化財，埋藏於地下二千多年，能在二十世紀出土，為今後之中華民族子孫所用，真乃天佑中國也。

本書分上下兩卷，〈附卷〉桂陵、馬陵兩場戰役，是孫臏主場的兩個重要戰役，體現孫臏兵法思想真正實戰性，而非空談理論。上下卷的原典延用徐培根、魏汝霖兩將軍文本，桂陵和馬陵之戰，中國歷代戰史有詳記。

有些竹簡雖然可以確定於某篇，但不能確定篇中的位置，這些簡分別附於各篇（原典）之末，並以三個△隔開。殘簡不能辨識及缺字，均用□號表示，但字數超過五個或無法確定，則用……號表示。

《孫臏兵法》乃我中華民族、炎黃子民，生生世世寶貴之文化財，實用之戰爭指導寶典，不應為任何個人所私有。故本書作者放棄本書之註釋所有權，贈為我民族之文化公共財，凡在中國（含台灣）地區內，任何出版單位均可自由印行，廣為流傳，是吾至願，這也是本書出版的動機。

台北公館蟾蜍山　萬盛草堂主人**陳福成**誌於

佛曆二五六五年　公元二〇二二年十月吉日

# 孫臏兵法註：山東臨沂銀雀山漢墓竹簡

## 附孫臏主場之桂陵、馬陵會戰

## 下卷

## 附卷

# 上卷

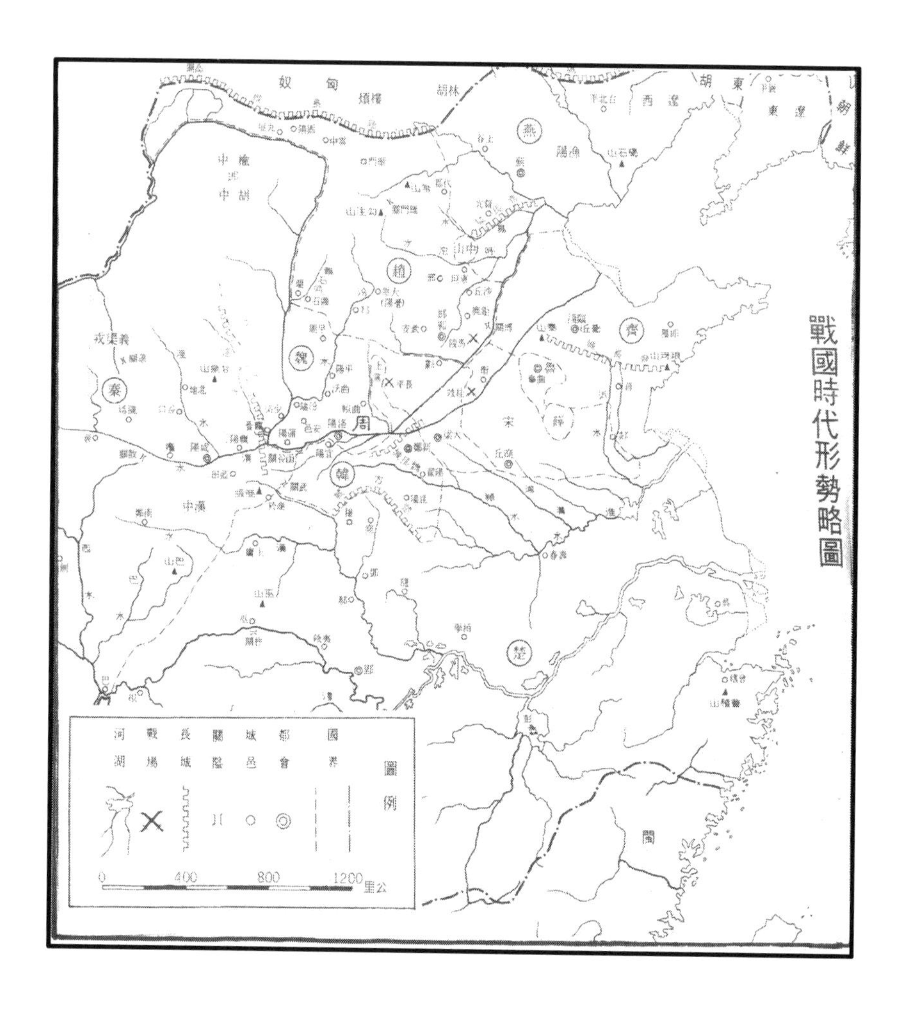

漢墓竹簡出土情形一般圖

右：部分竹簡和淤泥膠結在一起的情況。

下：竹簡出土時和泥沙摻合在一起的情況。

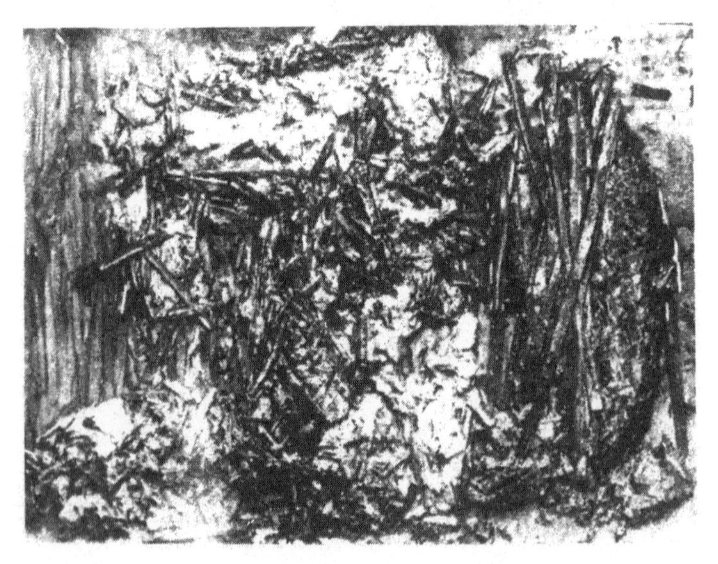

# 一、擒龐涓：論將師之智謀

## 【原典】

昔者，梁君（註一）將攻邯鄲（註二），使將軍龐涓、帶甲八萬至於茬丘（註三）。齊君聞之（註四），使將軍忌子（註五）、帶甲八萬至……竟。龐子攻衛（都帝丘）（註六），將軍忌（子）……衛□□，救與……曰：「若不救衛，將何為？」孫子曰：「請南攻平陵（註七）。平陵，其城小而縣大，人眾甲兵盛，東陽戰邑，難攻也。吾將示之疑。吾攻平陵，南有宋（註八）北有衛，當途有市丘（註九），是吾糧途絕也。吾將示之不知事（註十）。」於是徙舍（註十一）而走平陵……陵，忌子召孫子而問曰：「事將何為？」

## 註釋

註一　梁君：即孟子見〈梁惠王章〉那個梁惠王，也就是魏惠王魏罃，因都大梁（今河南省開封），所以歷史上也稱梁惠王。

註二　邯鄲：戰國時代趙國之國都，今河北省邯鄲市。

註三　茬丘：應為「楚丘」之誤寫。楚丘（在今河南省滑縣西，即今之道口鎮），係衛國之地，也是當時黃河渡口。魏軍自大梁北攻邯鄲，就是從楚丘渡河。

註四　齊君：即齊威王田因齊。

註五　將軍忌子：即齊將田忌，他舉荐孫臏給齊威王。

註六　攻衛（都帝丘）：帝丘（今河北省濮陽縣），為衛國之國都。魏軍攻趙國，必須越過衛國之邊境，衛國對魏攻趙之態度不明，魏軍乃攻帝丘，以兵力脅迫其順從以攻趙也。

註七　南攻平陵：平陵是襄陵之誤寫。平陵（在今山東省歷城縣東），為齊國之都城，不能言攻。襄陵（在今之河南省睢縣西），原是宋地，後被魏國侵佔。按《戰國策．齊策》和《竹書紀年》等載，確係襄陵而不是平陵，南攻襄陵，乃係孫臏之謀略。

註八　宋：原建都商丘（今河南商丘縣），後被魏侵佔，乃東遷彭城（今江蘇省銅山縣）。

註九　市丘：襄陵東方的一個小鎮。

註十　示之不知事：意思說：以謀略迷惑敵之將帥，使其不知我軍情事。

註十一　徙舍：軍隊開始離開駐地，行軍前進之意。

## 【原典】

孫子曰：「都大夫孰為不識事（註一）？」曰：「齊城、高唐（註二）。」孫子曰：「請取所……二大夫□以□□□臧□□都橫卷四達環涂（註三），□橫卷所□陣也。環涂輚甲（註四）之所處也。吾末甲勁，本甲不斷環涂，擊柀其後（註五），二大夫可殺也（註六）。」於是段齊城、高唐為兩（註七），直將蟻附平陵（註八）。挾[illegible]環涂（註九）夾擊其後，齊城、高唐當術而大敗（註十）。將軍忌子召孫子問曰：「吾攻平陵不得而亡齊城、高唐，當術而厥（註十一）。事將何為？」孫子曰：「請遣輕車西馳梁郊，以怒其氣。分卒而從之，示之寡（註十二）。」於是為之。龐子果棄其輜重，兼趣舍（註十三）而至。孫子弗息而擊之桂陵，而擒龐涓。故曰，孫子之所以為者盡矣（註十四）。四百六（註十五）。

……子曰：「吾……

……孫子曰：「毋待三日……

## 註釋

註一　不識事：不懂軍事之意。

註二　齊城、高唐：齊國的兩個都城。齊城在今山東省齊河縣，濟水之北；高唐即今山東省高唐縣，兩城均在齊趙邊界上。

註三　橫卷四達環涂：這段有缺文，難以正確解讀。大意說之，橫卷即橫捲，以橫陣作正面進攻而包圍。環涂即環途，迂迴至敵後進攻之意。

註四　鞁甲：鞁音披，披著偽裝的士兵。

註五　吾末甲勁，本甲不斷環涂，擊柀其後：我軍以一部兵力猛攻其前，主力進行迂迴，從敵後發起攻擊。末甲是一部份兵力，本甲是主力部隊。

註六　二大夫可殺也：孫臏之意：故意用兩位不懂軍事的都大夫守城，以示齊國統帥部的無能，亦在迷惑敵國，「能而示之不能」也。

註七　段齊城、高唐為兩：段即斷字。即將兩城，分成兩個獨立的守備區。

註八　直將蟻附平陵：正面進攻之將士，成群結隊，攻城攀登而上。

註九　挾萑環涂：[illegible]，是乾草做的席捲，偽裝之用。大意說：以草席偽裝，迂迴到敵後方。

註十　當術而大敗：遭遇此種進攻方法而大敗。

註十一　厥：同蹶字，敗也。

註十二　示之寡：故意讓敵人看到我軍之寡少兵力，以養其輕視之心。

註十三　兼趣舍：如今之急行軍。

註十四　盡：盡善盡美，是對孫臏戰略的讚美。

註十五　四百六：為本篇字數。

本篇以孫臏自己設計的「圍魏救趙」桂林之戰史例，證明將帥之智謀勝於力戰。桂林之戰，在周顯王十六年（齊威王二十六年，魏惠王十七年，公元前三五三年），可詳看本書〈附卷〉第一章。

# 二、見威王：論國家大政

【原典一】

孫子見威王，曰：「夫兵者，非士恆勢也（註一）。此先王之傳道也（註二）。戰勝，則所以在亡國而繼絕世也。（註三）。戰不勝，則所以削地而危社稷也。是故兵者不可不察。然夫樂兵（註四）者亡，而利勝（註五）者辱。兵非所樂也。而勝非所利也。事備而後動。故城小而守固者，有委（註六）也；卒寡而兵強者，有義也。夫守而無委，戰而無義，天下無能以固且強者。」

註釋

註一　非士恆勢也：士，借作恃，依靠之意。意說軍事上沒有永恆有利的形勢可以依靠。

註二　先王之傅道也：傅，通敷字，施行之意。意說先王所相傳施行的道理。

註三　在亡國而繼絕世：在，作存字解。意說戰爭勝利，可使危亡之國復存，既將斷絕之世統，也就可以繼續復存下去。

註四　樂兵：好戰之意。

註五　利勝：貪圖勝利之意。

註六　有委：委，委積。即有物資儲備。

## 【原典二】

「堯有天下之時，黜王命（註一）而弗行者七，夷（註二）有二，中國（註三）四，……素佚而致利也（註四）。戰勝而強立，故天下服矣。昔者，神戎戰斧遂（註五）；黃帝戰蜀祿（註六）；堯伐共工；舜伐劂□□而並三苗（註七），……管；湯放桀，武王伐紂，帝奄（註八）反，故周公淺之（註九）。故曰，德不若五帝，而能不及三王，智不若周公，曰我將欲責仁義，式禮樂，垂衣裳，以禁爭奪。此堯舜非弗欲也，不可得，故舉兵繩之。

**註釋**

註一　黜王命：黜，背棄之意。即背叛王命。

註二　夷：古代稱中原以外的部族。

註三　中國：指中原地區部族。

註四　素佚而致利也：此句上文有缺，大意說，帝王不能無所作為而致利。

註五　神戎戰斧遂：神戎，即神農氏。斧遂，亦作補遂，古代部族之名。

註六　黃帝戰蜀祿：蜀祿，即涿鹿（今河北涿縣），為黃帝戰蚩尤的地方。

註七　舜伐劂□□而並三苗：劂□□，疑是古代部族名；並，借屏字用，有屏除驅逐之意。足見在大舜時代，也多次用兵，平服叛亂。

註八　帝奄反：帝是商字訛寫，是指商朝後裔武庚祿父；奄，古代部族，在今山東曲阜東方；反，即叛亂。

註九　周公淺之：淺，借作踐字，消滅叛亂之意。指商的後裔武庚祿父聯合奄族叛亂，周公因而東征，消滅叛亂之事。

本篇有兩個重點：㈠國防不可一日無備。立信守義，是國家精神戰力的建設；武備物資，是國家物質戰力的建設。㈡戰爭不可輕率發動，好戰必亡，貪勝者辱。

# 三、威王問：論戰略戰術

## 【原典一】

齊威王問用兵。曰：「兩軍相當，兩將相望，皆堅而固，莫敢先舉，為之奈何？」孫子答曰：「以輕卒嘗（註一）之，賤而勇者將之（註二），期於北（註三），毋期於得（註四）。為之微陣以觸其側（註五）。是謂大得。」威王曰：「用眾用寡有道乎？」孫子曰：「有」。威王曰：「我強敵弱，我眾敵寡，用之奈何？」孫子再拜曰：「明王之問。夫眾且強，猶問用之，則安國之道也。命之曰贊師（註六），毀卒亂行（註七），以順其志，則必戰矣。」威王曰：「敵眾我寡，敵強我弱，用之奈何？」孫子曰：「命曰讓威（註八），必臧其尾，令之能歸（註九）。

長兵在前，短兵在（後）（註十），為之流弩，助其急者（註十一）。（本陣）毋動，以待敵能（註十二）。」

**註釋**

註一　以輕卒嘗之：以一部兵力先行與敵接觸，佯行敗退，使敵嘗到勝利之味，誘敵入我陷阱。

註二　賤而勇者將之：令勇敢的低階軍官指揮。

註三　期於北：預先設計好敗退。

註四　毋期於得：不求戰勝（佯敗）。

註五　為之微陣以觸其側：微陣，潛伏的兵力。意說，我軍主力埋伏在兩側，相機攻敵之側背。

註六　贊師：助攻部隊。

註七　毀卒亂行：故意製造混亂，迷惑敵人。

註八　讓威：以一部兵力對敵進攻，作退讓之舉，引誘敵人進入我方埋伏之陣地。

註九　必臧其尾，令之能歸：臧為藏字。意說，將後續的主力部隊隱藏埋伏，以迎接其撤退。

註十　短兵：刀、劍等短兵器。

註十一　為之流弩，助其急者：控制機動強弩部隊，以支援各方。

註十二　以待敵能：以待敵可能之行動。

**【原典二】**

**威王問：「我出敵出，未知眾少，用之奈何？」孫子（曰）：「命曰……」**威王曰：「擊窮寇奈何？」孫子（曰）……可以待生計矣（註二）。」威王曰：「擊均（註二）奈何？」孫子曰：「營而離之，我並卒而擊之（註三），毋令敵知之。然而不離（註四），按而止，毋擊疑（註五）。」威王曰：「以一擊十，有道乎？」孫子曰：「有。攻其無備，出其不意。」威王曰：「地平卒齊，合而北者（註六），何也？」孫子曰：「其陣無鋒也（註七）。」威王曰：「令民素聽（註八），奈何？」孫子曰：「素信（註九）。」威王曰：「善哉！言兵勢不窮（註十）。」

**註釋**

註一 ……可以待生計矣：本句有缺字，但從威王問「擊窮寇奈何」，孫臏之意約同《孫武兵法》之「圍師必闕，窮寇勿迫」之原則；「可以待生計」，闕其一面，使敵有逃遁求生之路。

註二 擊均：攻擊兵力與我相等之敵人。

註三 營而離之，我並卒而擊之：設法分離敵之兵力，我則集中兵力，打擊敵之弱虛處。

註四 然而不離：敵人若不分散其兵力。

註五 按而止，毋擊疑：按兵不動，敵情不明時，不可發起攻擊。

註六 地平卒齊，合而北者：地形平曠有利，部隊到齊，還是打了敗仗。

註七 鋒：形成主力的衝鋒部隊。

註八 素聽：習慣性的服從命令。

註九　素信：習慣性的守信用。

註十　善哉！言兵勢不窮：威王讚美孫臏之言。

**【原典三】**

田忌問孫子曰：「患兵者何也？困敵者何也？壁延不得者何也？失天者何也？失地者何也？失人者何也？請問此六者有道乎？」

孫子曰：「有。患兵者地也，困敵者險也。故曰，三里瀦洳將患軍（註一）……涉將留大甲（註二）。故曰，患兵者地也，困敵者險也，壁延不得者[illegible]寒也（註三），……奈何？」孫子曰：「鼓而坐之（註四），十而揄之（註五）。」田忌曰：「行陣已定，動而令士必聽，奈何？」孫子曰：「嚴而示之利（註六）。」田忌曰：「賞罰者，兵之急者（註七）耶？」孫子曰：「非。夫賞者，所以喜眾，令士忘死也。罰者，所以正亂（註八），令民畏上也。可以益勝（註九），非其急者。」田忌曰：「權、勢、謀、詐，兵之急者耶？」孫子曰：「非也。夫權者，所以聚眾也。勢者，所以令士必鬥也。謀者，所以令敵無備也。詐者，所以困敵也。可以益勝，非其急者也。」

**註釋**

註一　三里瀟洳將患軍：瀟洳，沼澤泥濘之地。意說，三里大小的沼澤地區，足以阻礙軍隊行動。

註二　大甲：重裝部隊。

註三　[illegible]寒：疑借為渠答，佈於陣地前的障礙物。

註四　鼓而坐之：坐，證實之意。意說，擊鼓進攻，以證實敵人陣形之位置和虛實。

註五　十而揄之：揄，引也。即多種方法誘敵。

註六　嚴而示之利：嚴格的軍法和優厚的獎賞。

註七　兵之急者也：軍事上急要之事。

註八　正亂：整頓混亂。

註九　益勝：有助於戰爭之獲勝。

【原典四】

田忌忿然作色：「此六者，皆善者所用（註一），而子大夫（註二）曰非其急者也。然則其急者何也？」孫子曰：「料敵計險，必察遠近，……將之道也。必攻不守（註三），兵之急者也。……骨也。」田忌問孫子曰：「張軍毋戰（註四）有道？」孫子曰：「有。倅險增壘（註五），諍戒毋動（註六）：毋可□□毋可怒。」田忌曰：「敵眾且武，必戰有道乎？」孫子曰：「有。埤壘廣志（註七），嚴正輯眾（註八），避而驕之，引而勞之，攻其無備，出其不意，必以為久（註九）。」

田忌問孫子曰：「錐行者何也？雁行者何也？（註十）篡卒（註十一）力士者何也？勁弩趨發（註十二）者何也？飄風之陣者何也？眾卒（註十三）者何也？」孫子曰：「錐行者，所以沖堅毀銳也。雁行者，所以觸側應□（也）。篡卒力士者，所以絕陣取將（註十四）也。勁弩趨發者，所以甘戰持久也。飄風之陣者，所以回□□□（也）。眾卒者，所以分功有勝也。」

## 註釋

註一　皆善者所用：都是善用兵者所用的方法。

註二　子大夫：大夫先生之意。

註三　必攻不守：必採攻勢戰略而不採守勢戰略。

註四　張軍毋戰：陳兵而不戰之意。

註五　倅險增壘：倅通萃，聚集之意。意說：聚集險要之地，增強壁壘，以固防守。

註六　諍戒毋動：嚴密戒備，按兵不動。下面毋可□□毋可怒，乃是毋可貪得，毋可怒。意說，不因敵人利誘和激怒，就輕率出戰。

註七　埤壘廣志：加固城牆，鼓舞士兵戰志。

註八　嚴正輯眾：輯，和睦也。嚴明紀律，和睦士眾。

註九　久：支持久戰。

註十　錐行、雁行：古代軍陣名。

註十一　篡卒：篡，借為選。即經過挑選的士兵。

註十二　勁弩趨發：強弩快射的部隊。

註十三　眾卒：一般士兵。

註十四　絕陣取將：破敵陣、擒敵將之意。

**【原典五】**

孫子曰：「明主、知道（註一）之將，不以眾卒幾（註二）功。」孫子出而弟子問曰：「威王、田忌臣主之問何如？」孫子曰：「威王問九，田忌問七（註三），幾（註四）知兵矣，而未達於道（註五）也。吾聞素信者昌，立義……用兵無備者傷，窮兵者亡。齊三世其憂矣（註六）。」

△△△

……善則敵為之備矣。」孫子曰……

……孫子曰：「八陣已陳……

……孫子……

……險成，險成敵將為正，出為三陣……

……倍人也，按而止之，盈而待之，然而不□

……

……無備者困於地，不□者……

……士死□而傳……

## 註釋

註一　道：法則、原理。

註二　幾：這裡當指望講。

註三　威王問九，田忌問七：指問題的個數。

註四　幾：這裡當接近講。

註五　未達於道：未能達到掌握戰爭規律的境界。

註六　齊三世其憂矣：齊國傳三世後，其將衰也。

孫臏戰略戰術特點有三：㈠戰爭要打，就採絕對攻勢主義，不採守勢。㈡無論攻防都以智謀取勝，不在兵力多少。㈢智謀使敵方誤判情勢，做出錯誤行動，誤入我方所設陷阱。因此，觀其主場的桂陵、馬陵之戰，孫臏幾乎是可以「調動敵軍」的大戰略家，千古唯一人！

# 四、陳忌問壘：論埋伏陣地之構成與戰鬥

**【原典一】**

田忌問孫子曰：「吾卒……不禁（註一），為之奈何？」孫子曰：「明將之問也，此者人之所過（註二）而不急也。此□之所以疾（註三）……志也。」

田忌曰：「可得聞乎？」曰：「可。用此者，所以應猝窘處隘塞死地之中也（註四），是吾所以取龐□而擒太子申也（註五）。」田忌曰：「善。事已往而形不見。」

孫子曰：「蒺藜者，所以當溝池也（註六）。車者，所以當壘（也）（註七）。□□（者），所以當堞（註八）也。發者，所以當埤堄（註九）

也。長兵次之，所以救其隋也（註十）。鏦（註十一）次之者，所以為長兵□也（註十二）。短兵次之者，所以難其歸而徼其衰也（註十三）。弩次之者，所以當投機也（註十四）。中央無人，故盈之以……（註十五）卒已定，乃具其法。制曰：以弩次蒺藜，然後以其法射之。壘上弩戟分（註十六）。法曰：見使楪來言而動（註十七）……去守五里置候（註十八）。令相見也，高則方之，下則圓之；夜則舉鼓，晝則舉旗。」

**註釋**

註一　吾卒……不禁：中間有缺文，禁作止解。判斷其意，軍隊在陣地中，應不斷加強陣地建設，永不停止的進行強化工作。

註二　過：指容易忽略的事。

註三　此□之所疾：□疑是敵字。意似說：我軍不斷強化陣地建設，會使敵人感到恐懼、害怕。

註四　應猝窘：應付突發狀況。

註五　取龐□而擒太子申也：龐□是龐涓，太子申為魏惠王長子魏申。可見本書首篇〈擒龐涓〉及〈附卷〉第二章。

註六　蒺藜者，所以當溝池也：用蒺藜當障礙物，可以取代外壕。

註七　車者，所以當壘也：古代軍隊紮營，以戰車圍四周，可以組成堅固壁壘，成為一個陣地。

註八　□□者，所以當堞也：□□為櫓翼；櫓是車座前之防楯，翼為車座兩側之防楯，堞是城牆上如齒狀之女牆。意說，以車上之防楯，當成陣地的女牆。

註九　發者，所以當埤堄也：發，借作瞂，古代士兵的個人防護裝備，革製用於盾；埤堄是城牆上的矮牆。

註十　隋：借為隳，音灰，危也。

註十一　鏦：音蹤，小矛。

註十二　長兵□也：□，疑為助字。

註十三　難其歸而徼其衰也：徼，通邀。意說，阻絕敵人之歸路，而邀擊其敗兵。

註十四　投機：投石之機。

註十五　盈之以……：缺文疑是「弱卒車騎」，在《姜太公兵法》中，四武衝陣，即以弱卒車騎居中也。

註十六　分：平分也。

註十七　見使枼來言而動：使，軍使，古代作戰時，可以公開往來敵我兩軍的使者；枼，通諜。意說，得到使、諜的報告後，再作行動。

註十八　置候：派出斥候也。

**【原典二】**

……田忌問孫子曰：「子言晉邦之將荀息、孫軫之於兵也，未……（註一）。

……無以軍恐不守。」忌子曰：「善。」田忌問孫子曰：「子言晉邦之將荀息、孫（軫）……

……也，勁將之陣也。孫子曰：「士卒……

……田忌曰：「善。獨行之將也。……。

……言而後中。「田忌請問……。

……人。」田忌請問兵情奈何？……。

……見弗取（註二）。」田忌服問孫……。

……橐□□□焉。」孫子曰：「兵之……。

……應之。」孫子曰：「伍……。

……孫子曰……。

……見之。孫子……。

……以也。」孫……。

……將戰書柧，所以哀正也。誅□規旗，所以嚴後也。善為陣者，必□□賢……。

……明之吳越，言之於齊。曰知孫氏之道者，必合於天地。孫氏者……。

……求其道，國故長久。孫子……。

……問知道奈何。孫子……。

……而先知勝不勝之謂知道。□戰而知其所……（註三）

……所以知敵，所以曰智，故兵無（不可勝，智者斯勝）。（註四）

**註釋**

註一　本篇這部分，竹簡殘缺，難以解釋。大約其意是，作戰中指揮官之決心，最要在見弗取與知道。

註二　見弗取：見敵人之利誘和激怒，不為所動。

註三　知道：指揮官在下達作戰決心之前，必須先知道能勝或不能勝，出戰前要先知道敵之位置和虛實。

註四　故兵無……：疑是「故兵無不可勝，智者斯勝」十個字。

〈陳忌問壘〉，陳忌就是田忌。《史記・田敬仲完世家》載，陳國厲公之子陳完，因國亂奔齊，齊桓公用之為工正，食采邑於田，乃以田為姓，世代為齊國卿相。

陳忌問壘，壘，即軍隊之營壘、陣地，就是問陣地如何建設？孫臏指出兩大建設：㈠陣地之構成，以車、櫓、翼、盾，構成陣線，加強各種障礙物。㈡陣地戰鬥指導，務求隱密，不為敵之利誘而動，掌握先勝之機。兵無不可勝，智者斯勝。

# 五、篡　卒：論戰爭勝敗重要原因

**【原典】**

孫子曰：兵之勝在於篡卒（註一），其勇在於制（註二），其巧在於勢（註三），其利在於信（註四），其德在於道（註五），其富在於亟歸（註六），其強在於休民（註七），其傷在於數戰（註八）。孫子曰：德行者，兵之厚積也（註九）。信者，兵（之）明賞也（註十）。惡戰者，兵之王器也（註十一）。取眾者，勝（之基本）也（註十二）。

孫子曰：恆勝有五：得主專制，勝。知道，勝。得眾，勝。左右和，勝。量敵計險，勝。孫子曰：恆不勝有五：御將，不勝。不知道，不勝。乖將，不勝（註十三）。不用間，不勝。不得眾，不勝。孫子曰：

勝在盡□，明賞，選卒，乘敵之□（註十四）。是謂泰武之葆（註十五）。

孫子曰：不得主弗將也（註十六）……。

……令，一曰信，二曰忠，三曰敢。安（註十七）忠？忠王。安信？信賞。安敢？敢去不善。不忠於王，不敢用其兵。不信於賞，百姓弗德。不敢去不善，百姓弗畏。

**註釋**

註一　篡卒：經過挑選的士卒而編成的部隊。類似今為達成特別作戰任務，而編成的一支軍隊。

註二　制：指制度、法紀。

註三　勢：指創造有利形勢。

註四　信：指上、下互信。

註五　道：指明確的作戰目標和上下共赴之道義。

註六　其富在於亟歸：軍隊之所以有豐富的資源，在於作戰能速戰速決，損耗極少。

註七　其強在於休民：軍隊之所以有強大的戰力，在於有充份休養生息，儲備各項戰力。

註八　其傷在於數戰：軍隊的戰力之所以損傷，在於爭戰過度，以致於兵勞民疲。

註九　德行者，兵之厚積也：德行，此當部隊的精神士氣。意說，精神和士氣，是軍隊戰力最好的儲備。

註十　信者，兵（之）明賞也：之字按文意補入。意說，軍隊有信，士兵才會激勵建功，是信所以明賞也。

註十一　惡戰者，兵之王器也：惡戰，不好戰；王器，偉大人物。意說，不好戰的君主，才是偉大人物。

註十二　取眾者，勝（之基本）也：能得眾心支持，是作戰勝利的基本。

註十三　乖將：將帥不和。

註十四　勝在盡□……乘敵之□：兩□字不明，不好意會，待高明者再研究。

註十五　泰武之葆：泰武，是周武王；葆，車蓋也，上飾以羽毛，稱之羽葆。意說，武王之羽葆，乃是象徵勝利的標識。

註十六　不得主弗將也：得不到君主的信任，則不可以擔任將帥之職責。

註十七　安：何也，疑問詞。

孫臏說，軍隊之能打勝，在於選拔適當的人，編成作戰所要之部隊，即「篡卒」。孫臏指出三點影響勝敗的因素：㈠國君之決策，必須得到民心支持；㈡國君對於戰場上之將帥，必須賦與全權之指揮權。㈢將帥之領導統御，必須合於忠、信、敢之作為。

# 六、月 戰：論慎戰

【原典】

孫子曰：間於天地之間（註一），莫貴於人。戰□□□□不單。天時、地利、人和，三者不得，雖勝有殃。是以必付與而（後）戰（註二），不得已而後戰。故撫時而戰（註三），不復使其衆（註四）。無方而戰者（註五）小勝以付磨者也（註六）。孫子曰：十戰而六勝，以星也。十戰而七勝，以日者也。十戰而八勝，以月者也。十戰而九勝，月有……（註七）（十戰）而十勝，將善而生過者也（註八）。一單……。

△ △ △

……所不勝者也五，五者有所壹，不勝。故戰之道，有多殺人而不得將卒者，有得將卒而不得舍者，有得舍而不得將軍者，有覆軍殺將者。故得其道，則雖欲生不可得也。

**註釋**

註一 間於天地之間：處在天地之間。

註二 必付與而□戰：付與，付出之意，此處當國土被侵奪、人民受損害解。□為後字。意說，國土受侵奪，人民受損害而後戰。

註三 撫時而戰：撫作無字解。無時而戰，不論春夏秋冬，隨時都做戰爭的準備。

註四 不復使其眾：意說，如春耕秋收時，無人民可供使用。但似意可解成，不重復征用人民。

註五 無方而戰者：不在地方不對之處發動戰爭，如遠離國土，或地處不利的地方。

註六　小勝以付磨者也：付磨，消磨、消耗之意。言縱使小勝，也是消耗資源兵力。

註七　月有……本文月字，篇名〈月戰〉，因殘缺甚多，不知用意所在。按徐培根、魏汝霖兩將軍之研究，孫臏常用怪字怪詞與別字代替，可能意在教人讀不懂，達到保密之旨。

註八　將善而生過者也：過，是禍字之訛寫。意說，將帥善於打仗，也是一種禍事（因更多人命傷亡）。

本文殘缺甚多，難以知其全部內容。惟大致是孫臏的慎戰論述，他指出四個重點：㈠不得天時而戰，無人民可供使用；㈡不得地利而戰，雖小勝亦徒耗兵力；㈢國土被侵、人民受害，不得已而戰，則得人和；㈣好戰數戰，只是損耗國力和民力。

# 七、八陣：將帥首要素養是「知道」

**【原典】**

孫子曰：智不足，將兵，自恃也（註一）。勇不足，將兵，自廣也（註二）。不知道，數戰不足（註三）。將兵，幸也。夫安萬乘國（註四），廣萬乘王，全萬乘之民命者，唯知道。知道者，上知天之道，下知地之理，內得其民之心，外知敵之情，陣則知八陣（註五）之經，見勝而戰，弗見而諍（註六），此王者之將也。

孫子曰：用八陣戰者，因地之利，用八陣之宜。用陣三分（註七），誨（註八）陣有鋒，誨鋒有後（註九），皆待令而動。鬥一，守二（註十）。以一侵敵，以二收。敵弱以亂，先其選卒以乘之（註十一）。敵強以治，先其下卒以誘之（註十二）。車騎與戰者，分以為三（註十三），一在於右，一在於左，一在於後。易（註十四）則多其車，險則多其騎，厄（註十五）則多其弩，險易必知生地、死地，居生擊死。

**註釋**

註一　自恃：自恃其能。

註二　自廣：自廣其威。

註三　不知道，數戰不足：不知戰爭之道，頻頻發動戰爭，仍不滿足。

註四　萬乘國：有萬輛戰車之大國。

註五　八陣：指軍隊戰鬥部署的區分。大意是徒步（步兵）三區分，為三陣。車騎三區分，為三陣。另選卒和下卒各一區分，共為二陣。合共八陣。在本書〈下卷〉有〈十陣篇〉，乃是佈陣隊形，如方、圓、錐、雁行等，所述意義不同。

註六　諍：有警戒而停止之意。

註七　用陣三分：指步兵的三區分，為三陣。

註八　誨：借作每字用。

註九　鋒、後：前鋒、後隊。
註十　鬥一，守二：以一陣與敵交戰，兩陣在後，待機備戰中。
註十一　先其選卒以乘之：先用選卒以進攻敵人。
註十二　先其下卒以誘之：先用下卒以引誘敵人。
註十三　車騎與戰者，分以為三：車騎部隊三區分，為三陣。
註十四　易：指平易地形。
註十五　厄：兩側高峻狹隘地形。

本文「知道」，非現代人口頭「知道」的知道，而是指知「道」，此道是某種學問的基本原理、法則。孫臏指出將帥首要的素養是「知道」，包含上知天之道、下知地之理、內知民心、外知敵情，用兵知八陣，見勝則戰，勿見則止。

# 八、地　葆：地形在軍事上的價值

【原典一】

孫子曰：凡地之道，陽為表，陰為裏（註一），直者為綱，術者為紀（註二）。紀綱則得，陣乃不惑。直者毛產，術者半死（註三）。凡戰地也，日其精也（註四），八風將來，必勿忘也（註五）。絕水（註六）、迎陵（註七）、逆流（註八）、居殺地（註九）、迎眾樹者（註十），鈞舉也（註十一），五者皆不勝。南陣之山，生山也。東陣之山，死山也（註十二）。東注之水，生水也。北注之水，死水。不流，死水也（註十三）。

註釋

註一　地葆：葆，通寶字，地葆是地形的價值。「陽為表、陰為裏」，孫臏此處陰陽，與道家陰陽不同。此處之陽是我軍公開的行動，陰則軍隊秘密的行動，二者互為表裏。

註二　直者為綱，術者為紀：直，為正面對敵進攻的方向。術，奇兵對敵突擊的方向。決定地形之利用，正兵使用方向為綱，奇兵使用方向為紀。

註三　直者毛產，術者半死：毛產，草木茂盛交通便利之地。半死，荒僻崎嶇交通不便之地。意說：正兵進攻方向，選有草木茂盛交通便利之地；用奇兵突擊敵人的方向，則選荒僻崎嶇交通不便之地。

註四　凡戰地也，日其精也：古代作戰，都在白天。陽光之向背，對人視線影響很大。所以，上午列陣，宜背東而面西；下午列陣，宜背西而面東。

註五　八風將來，必勿忘也：意說，列陣必須背風，不可迎風，以免風刮起沙塵，視線受損。

註六　絕水：背水。

註七　迎陵：面對高陵之意。

註八　逆流：在河之下游面對上游之意。

註九　殺地：即死地。

註十　迎眾樹：面對樹林。

註十一　鈞舉也：鈞作均，以上列舉之意。

註十二　南陣之山，生山也。東陣之山，死山也：古代作戰，常在一日之上午。在山南列陣不受日光直射，故為生山。在山之東列陣受日光直射，故為死山。

註十三　東注之水，生水也。北注之水，死水也：東流之水入海，故為生水。北流之水易成災，故為死水。

## 【原典二】

**五地之勝**（註一）**曰：山勝陵，陵勝阜，阜勝陳丘，陳丘勝林平地。五草之勝曰：藩、棘、椐、茅、莎**（註二）**。五壤之勝：青勝黃，黃勝黑，黑勝赤，赤勝白，白勝青。五地之敗曰：谿、川、澤、斥**（註三）**。**

五地之殺曰：天井、天宛、天離、天隙、天柖（註四）。五墓（註五），殺地也，勿居也，勿□也。春毋降，秋毋登（註六）。軍與陣皆毋政前右，右周毋左周（註七）。

**註釋**

註一　五地之勝：五種地形優勢。

註二　藩、棘、椐、茅、莎：五種障礙物，藩，是人工築成的藩籬，餘四種是自然生長植物。

註三　五地之敗：谿、川、澤、斥，原文漏一種。

註四　五地之殺：五種死地，約同《孫武兵法》之〈行軍篇〉所示，天井、天牢等。

註五　五墓：指前項五種殺地。

註六　春毋降，秋毋登：春天多雨水，不宜從山頂攻向山麓。秋天草木凋枯易於縱火，不宜從山麓攻向山頂。

註七　軍與陣皆毋政前右，右周毋左周：山之前（南向北仰攻、面迎北風）、山之右（西向東仰攻、面對曉日），均不宜；攻者從山之東背曉日而攻，有利；從山之西迎曉日而攻，不利。

孫臏之論地形，以我軍行動之陰、陽、直、術為主而定其價值。所以他以「陽為表、陰為裏、直者為綱、術者為紀。紀綱則得，陣乃不惑」，六句話，說盡地形判斷的方法。

# 九、勢備：論戰鬥四要素

**【原典一】**

孫子曰：夫陷齒戴角，前爪後距（註一），喜而合，怒而鬥，天之道也，不可止也。故無天兵者（註二）自為備，聖人之事也。黃帝作劍，以陣象之（註三）。羿（註四）作弓弩，以勢象之（註五）。禹作舟車，以變象之（註六）。湯、武作長兵，以權象之（註七）。凡此四者，兵之用也。何以知劍之為陣也？旦暮服之，未必用也。故曰，陣而不戰，劍之為陣也（註八）。劍無鋒，雖孟賁（註九）（之勇）不敢（鬥臧獲）（註十）。陣無鋒，非孟賁之勇也敢將而進者，不知兵之至也。劍無首鋌（註十一），雖巧士不能進□□。陣無後，非巧士敢將而進者，不知兵之情者。故有鋒有後，相信不動，敵人必走（註十二）。無鋒無後……劵不道。

**註釋**

註一　陷齒帶角，前爪後距：形容禽獸戰鬥，以齒、角、爪等天生之武器。

註二　無天兵者：指人類沒有如禽獸之天生武器。

註三　黃帝作劍，以陣象之：指黃帝創作武器（劍），同時以劍的形象，當成軍隊作戰之陣法。

註四　羿：夏朝太康時代（約公元前二一八〇年代），有窮氏族之國君，創造弓矢。

註五　羿作弓弩，以勢象之：因為弓弩可以遠射，所以領悟到「勢」的重要，由弓弩之蓄勢待發，推演到作戰「造勢」之運用。

註六　禹作舟車，以變象之：舟車可以快速分合、變化，因而領悟到軍隊作戰，要能快速分合變化，更可以發揮戰力。

註七　湯武作長兵，以權象之：指長兵器的殺傷力在尖端，而操之者在執柄之人手。因而領悟到作戰時，掌權者（指揮官）「持權」之運用。以上陣、勢、變、權，乃成為軍隊作戰、戰鬥的四個重要概念（要素），可以算是人類戰爭、鬥爭的四個基本理論。

註八　旦暮服之，未必用也。故曰，陣而不戰，劍之為陣也：吾人天天佩帶著劍，並未天天用劍；軍隊天天演習，並未天天攻人之國，此即為劍之象陣之一端。

註九　孟賁：古代齊國一力士。

註十　臧獲：古代奴婢之名，弱者之意。

註十一　首鋌：劍之把柄。

註十二　走：敗走之意。

【原典二】

何以知弓弩之為勢也？發于肩膺之間，殺人於百步之外，不識其所道至（註一）。故曰，弓弩勢也。何以（知舟車）（註二）之為變也？

高則……何以知長兵之（為）（註三）權也？擊，非高下非……盧毀肩（註四），故曰，長兵權也，視之近，中之遠。權者，晝多旗，夜多鼓，所以送戰也。凡此四者，兵之用也。（陣）（註五）皆以為用，而莫徹（註六）其道……功。凡兵之道四：曰陣，曰勢，曰變，曰權，察此四者，所以破強敵，取猛將也……得四者生，失四者死……（註七）

△△△

……之有鋒者，選陣□也。爵……

……凡此四……

……中之近……（註八）

**註釋**

註一　不識其所道至：不知從何而來。

註二　知舟車：此三字原缺，依文意補入。

註三　為：此字原缺，依文義補入。

註四　擊，非高下非……盧毀肩：本段有缺文，大意說，長兵能不高不下，不左不右，擊中敵人，毀其頭肩，奪其生命。

註五　陣：此字原缺，依文義補入。

註六　徹：明白之意。

註七　……得四者生，失四者死……：上下均有缺文，似為本篇之結論。

註八　本篇之末，都是殘簡，留待以後考證。

古人從兵器上劍、舟車、弓弩、長兵之構造運用，領悟到軍事上陣、勢、變、權的道理，此四者實亦戰略、戰術、戰鬥之基本原理。孫臏說：「得此四者生，失四者死。」由此檢討歷史上許多戰爭之成敗，乃至二〇二二年開打的俄烏戰爭，雙方得失成敗，仍不脫此四者之範疇。

# 十、兵　情：君主將帥和士兵三者與戰爭勝敗關係

【原典一】

孫子曰：若欲知兵之情，弩矢其法也（註一）。矢，卒也。弩，將也。發者，主也（註二）。矢，金在前，羽在後（註三），故犀而善走（註四），前重後輕故也。今治卒則後重而前輕，陣之則辨，趣之敵則不聽（註五），人治卒不法矢也（註六）。弩者，將也。弩張柄（註七）不正，偏強偏弱而不和，其兩洋之送矢也不壹（註八），矢雖輕重得，前後適，猶不中（招也）……

## 註釋

註一　若欲知兵之情，弩矢其法也：意思說，如欲知軍事之情形，去看弓和箭的關係就知道了。

註二　發者，主也：意說，發射之人，乃是君主。

註三　矢，金在前，羽在後：箭的構造，金鏃在前端，羽毛在尾端。

註四　犀而善走：犀利而能快走。

註五　陣之則辨，趣之敵則不聽：辨，通辯，爭論也。趣，使人前進也。意說，使列陣有爭論，使人向敵前進，則不聽從。

註六　人治卒不法矢也：意說，對於兵力的部署，沒有效法箭的構造原理。

註七　柄：指弓之執手。

註八　其兩洋之送矢也不壹：洋，借作翔；兩洋，兩翔、兩翼，即弓之兩臂。意說，弓之執手不正，兩弓臂送箭之力不相等。

## 【原典二】

……將之用心不和，陣之前後雖得，猶不勝敵也。矢輕重得，前（後）適，而弩張正，其送矢壹，發者非也，猶不中招也（註一）。卒輕重得，前後適，將帥和，而主不善，猶不勝敵也（註二）。故曰，弩之中彀（註三）合於四。兵有功，（主也）將也，卒也，（三）也。故曰，兵勝敵也，不異於弩之中招也。此兵之道也。（觀於弩之中招），所循以成道也。知其道者，兵有功，主有名。

**註釋**

註一　發者非也，猶不中招也：射箭不正，不能中靶。

註二　本句有缺，大意說，將與兵均好，君主不善用，仍不能勝敵。

註三　彀：音夠，箭靶也。

本文孫臏以箭、弓弩和射手三者關係，比喻士兵、將師和君主的關係。此雖比喻，然實以君主之正確領導統御與否為要綱，使三者關係完善，是致勝之道也。

# 十一、行　篡：論爭取民心

【原典】

孫子曰：用兵移民（註一）之道，權衡也（註二）。權衡，所以篡取良也。陰陽，所以聚衆合敵也（註三）。正衡、再纍……既忠（註四），是謂不窮。稱鄉縣衡，雖其宜也（註五）。私公之財壹也，夫民有不足於壽而有餘於貨者，有不足於貨而有餘於壽者，唯明王聖人知之（註六），故能留之（註七）。死者不毒，奪者不慍（註八），此無窮（困之道也。）（註九）民皆盡力，近者弗則，遠者無能（註十）。貨多則辨（註十一），辨則民不德其上。貨少則（罕）（註十二），（罕）則天下以為尊。然則為民賕也，吾所以為賕也（註十三），此兵之久也。用兵之……

## 註釋

註一 移民：轉移民心使其向我之意。

註二 權衡：用人如天平之稱物。權，當秤錘。

註三 陰陽：同〈地葆〉篇「陰陽」之意。

註四 正衡、再纍……既忠：纍，通累，累積也；既，通餼字，俸給也。這段有缺文，大意說，公正的評量，加累積的功績，盡忠的人給與高薪，都是人事上的原則。下面說不窮，是說人事上的方法很多。

註五 稱鄉縣衡，雖其宜也：鄉，作方向解，即個人志願；縣，作懸字用；雖，惟字之訛。意說，考量其志願，懸以權衡，惟求其適宜。

註六 民有不足於壽……唯明王聖人知之：此句意說，社會上有富人早死而有遺財的，也有窮人不能生活的，政府都要冊報，君主應該要知道。

註七 故能留之：留富人之財，救窮人之命。

註八 死者不毒，奪者不慍：毒，痛恨之意；慍，抱怨之意。意說，死者不會痛恨，被奪之人不會抱怨。

註九　此無窮……：無窮下疑是「困之道也」。意說，使人民脫離窮困的方法。

註十　近者弗則，遠者無能：則，賊字之訛；能，古通罷字，音疲，此作疲解。意說，能得民心，近者不會受到賊害，遠者不致勞疲。

註十一　貨多則辨：辨，當徧，普徧也。即貨多則普徧皆有。

註十二　貨少則□：□疑罕字，稀罕也。

註十三　賕：音求，求財也。

「行篡」，如何得到民心？孫臏指出兩個政策：㈠人事政策，公正選用人才，優俸給盡忠職守的人。㈡社會政策，留富人之遺財，救濟貧困，使人民免於窮苦；厚賚賞賜，使得者以為榮。

# 十二、殺　士：論使士卒效死

【原典】

孫子曰：明爵祿而……

△△△

……殺士（註一）則士……

……知之。知士可信，毋令人離之。必勝乃戰，毋令人知之。當戰毋忘旁，毋……

……必審而行之，士死……

註釋

註一　殺士：指使士卒效死之意。

本篇多殘缺，無法逐一解釋。但大意有三：㈠明賞罰爵祿，使士卒知所奮勇。㈡信任部下，不要有疑。㈢必勝乃戰，但不可使士卒知之，一者為軍機保密，二者可歸功於士卒，使士卒更有效死之心。

# 十三、延　氣：士氣激勵

【原典】

孫子曰：合軍聚眾，（務在激氣）（註一）。復徙合軍（註二），務在治兵利氣（註三）。臨境近敵，務在厲氣（註四）。戰日有期，務在斷氣（註五）。今日將戰，務在延氣（註六）。……以威三軍之士，所以激氣也。將軍令……其令，所以利氣也。將軍乃……短衣絜裘（註七），以勸士志，所以厲氣也。將軍令，令軍人人為三日糧，國人家為……（所以）斷氣也。將軍召將衛人者而告之曰：「飲食毋……（所）以延氣……也……延氣

△△△

……營也，以易營之，眾而貴武，敵必敗。氣不利則拙，拙則不及，不及則失利，失利……

氣不厲則懾，懾則眾□，眾……

……而弗救，身死家殘。將軍召使而勉之，擊……

**註釋**

註一 合軍聚眾，務在激氣：召集人民，組成軍隊，重要在激勵士氣。即今之動員。

註二 復徙合軍：復徙，離營出發之意。意說，出發到新駐地，如今之移防。

註三 治兵利氣：整頓部隊、激勵士氣。

註四 厲氣：厲，同勵字。

註五 斷氣：斷，果斷。即果斷的戰鬥士氣。

註六 延氣：延長持久性的高士氣。

註七 絜裘：絜，音結，借為褐，粗布之衣，古代為貧民之服。

本篇缺文也多，難以完整解讀。但文中之延氣、厲氣、斷氣，都是如今之精神動員、士氣激勵。古今中外的戰役，將帥動員士氣的方法，無奇不有。例如，法國拿破崙率軍越阿爾卑斯山，攻打意大利，兵疲馬困之際，他說：「翻過此山，那裡的美女財富，盡歸大家所有。」於是士氣大增。孫臏的激勵士氣方法，在使士卒明白「為何而戰？為誰而戰？」，算是很「正派」的，而不像拿破崙用女人、用財富！

# 十四、官　一：軍事制度與一般戰術

**【原典一】**

孫子曰：凡處卒利陣體甲兵者（註一），立官則以身宜（註二），賤令以採章（註三），乘削以倫物（註四），序行以（事功）（註五），制卒以州閭（註六），授正以鄉曲（註七）。辨疑以旌輿（註八），申令以金鼓，齊兵以從迹（註九），庵結以人燧（註十）。邋軍以索陣（註十一），茭肆以因逆（註十二）。陳師以危（迫）（註十三），射戰以雲陣（註十四），御裹以羸渭（註十五），取喙以闔雄（註十六），即敗以包（遶）（註十七），奔救以皮傳（註十八），燥戰以錯行（註十九）。用（重）以正（聚），用輕以正散（註二十）。攻兼用行城（註二一）。（易）地（而陣）用方，迎陵而

**陣用封**（註二二）**，險（地而陣）用圜**（註二三）**，交易武退用兵**（註二四）**。（嚴正）陣臨用方翼，泛戰接厝用喙逢**（註二五）**。囚險解谷以（陰）遠，草騆沙荼以陽削**（註二六）**，戰勝而陣以奮國**（註二七）**。**

## 註釋

註一　凡處卒利陣體甲兵：處卒，在適當的地方部署兵力；利陣，列陣建立堅固陣地；體甲兵，完善軍隊之體制以適合作戰需要。

註二　立官則以身宜：任命將領，求其職能相宜。

註三　賤令以採章：官階高下，以采章識別。

註四　乘削以倫物：乘，升也；削，降也。意說，官階升降，以其工作事實為準。

註五　序行以□□：□□，疑是事功二字。

註六　制卒以州閭：以同鄉里的人編成軍隊，使其互相認識，互相幫助。

註七　授正以鄉曲：正，長官也。意說，地方上的鄉長、里長，就是部隊編成的長官。

註八　辨疑以旌輿：辨疑，識別也。意說，以旌旗和乘車作為識別。

註九　齊兵以從迹：後隊之兵循前隊足迹前進，保持隊伍整齊。

註十　庵結以人燧：庵結，宿營也；人燧，有居民有煙火的地方。意說，宿營，要選在有居民有煙火的地方。

註十一　邋軍以索陣：邋，借獵用，打獵也；索陣，偵察敵陣也。意說，偵察敵陣地，宜採猛攻如打獵之行動。（現代軍語稱：威力搜索）

註十二　茭肆以囚逆：茭，借作交；肆，習也；囚，借作求；逆，抵抗也。意說，交戰的時候，要找到敵之主力所在去抵抗。

註十三　陣師以危□：□疑迫。佈陣重點，要放在敵人危險急迫的地方。

註十四　射戰以雲陣：雲陣，即《太公兵法》之「鳥雲陣」，也就是佈署機動戰力，使火力能機動轉移。

註十五　御裹以羸渭：御，借作禦；裹，敵人之包圍；羸渭，借作迂迴。意說，抵禦敵人之包圍，宜採取迂迴之反包圍。

註十六　取喙以闔雄：喙，鳥嘴也。取喙，選擇突破口也；闔，關閉，即切斷之意。闔雄，切斷其主力。意說，選擇適當突破口，切斷敵之主力。

註十七　即敗以包□：即，近也；即敗，敵人將敗也；包，包圍；□疑是遶字，迂迴也。意說，敵人將敗，我軍宜以迂迴包圍斷其退路。

註十八　奔救以皮傅：奔救，救援被圍的友軍；皮，外表也；□□，通附字。皮傅，外層、外圍也。意說，奔救被圍的友軍，即從外圍包圍敵人。

註十九　燥戰以錯行：燥戰，佯戰也。意說，我軍以行列錯亂之佯戰動作，引誘敵人。

註二十　用□以正□。用輕以正散：上句應為用重以正聚，才與下句相對。意說，用重兵以對敵之集中兵力，以輕兵以對敵之分散兵力。

註二一　攻兼用行城：兼，借作堅字；行城，移動之壘陣。意說，攻堅作戰時，用移動之壘陣。

註二二　□地□□用方，迎陵而陣用封：上句疑是「易地而陣用方」。方，方陣也；封，前銳後方陣形也。意說，平易地形列陣用方陣，面對高地用封陣。

註二三　險□□□用圜：□□□疑是地而陣；圜，圓形而中心空之陣形。意說，在險要之地列陣，用圜陣易於適合地形。

註二四　交易武退用兵：交易，在交戰中也；武退，在敵前且戰且退也。意說，要在與敵交戰中而行撤退，必須由後衛兵力上前接戰。

註二五　□□陣臨用方翼，泛戰接厝用喙逢：□□疑是嚴正二字。上句意說，對敵人嚴正之陣，用方陣並附兩翼，以便包圍敵人。下句意說，對敵不整之陣形，用兩個突破口進攻，於敵之後方會師，即現代之「一點兩面」戰法。

註二六　囚險解谷以□遠，草駔沙茶以陽削：□疑是陰字。囚險，包圍險地之敵人；解谷，解除谷口的封閉；駔，音壯，粗也；茶，雜草也；削，陣線也。上句意說，對囚險和解谷兩項，要隱祕迂迴敵後，方可成功。下句意說，對草叢等無遮蔽地形，只能做顯露（公開、明顯）之佈陣。

註二七　戰勝而陣以奮國：打了勝仗，仍要積極備戰，以振奮國威。

【原典二】

而……為畏以山胠（註一），秦怫以逶迤，便罷以雁行（註二）。險厄以雜管，還退以蓬錯（註三）。繞山林以曲次，襲國邑以水則（註四），辨夜退以明簡，夜警以傳節（註五），厝入內寇以棺士，遇短兵以必輿（註六），火輸積以車，陣刃以錐行（註七）。陣少卒以合雜。合雜，所以御裹也（註八）。脩行連削，所以結陣也。雲折重雜，所以權趮也（註九）。猋凡振陳，所以乘疑也。隱匿謀詐，所以釣戰也（註十）。龍隋陣伏，所以山鬥也（註十一）。□□乖舉，所以厭津也。（使用侍）卒，所以（明戰）也。不意侍卒，所以昧戰也。（註十二）

## 註釋

註一　而……為畏以山胠：此句殘簡，無法解釋。

註二　秦佛以透迤，便罷以雁行：秦，借作蓁，茂盛也；佛，憂鬱也；透迤，慢行前進；便罷，疲勞也；雁行，並行前進。全句意說，軍隊情緒憂鬱，則徐緩前進；軍隊疲勞，則取雁行之陣。

註三　險厄以雜管，還退以蓬錯：雜管，多種兵器混合編成；還退，退卻也；蓬錯，叢林中錯落潛行。

註四　繞山林以曲次，襲國邑以水則：曲，迂迴也；次，軍隊停止也；則，借作澤字，水則，水澤也。意說，軍隊依山林行進，取迂迴時行時停搜索前進；而襲擊敵之都邑，宜取水路，較為秘密而迅速。

註五　辯夜退以明簡，夜警以傳節：辯，治理也；明節，文字寫明的竹簡；傳節，符節，古代秘密通信的一種方法。

註六　厝入內寇以棺士，遇短兵以必輿：棺士，疑是官士；厝入內寇，乃佈於敵人內部之間諜；遇，部署之意。全句意說，佈在敵營的間諜以官士為宜，部署短兵應在車輿必經之地。

註七　火輸積以車，陣刃以錐形：上句意，火攻敵運輸積儲之火具裝載於車上；下句意，是以短兵列陣，須取錐形陣。

註八　陣少卒以合雜，合雜，所以御裹也：陣少卒，以寡弱的兵力列陣；合雜，各種兵器混合編成的軍隊；御裹，抵禦敵人包圍之意。

註九　脩行連削，所以結陣也；雲折重雜，所以權趮也：脩行，很長的行列；連削，連接之陣線也；雲折，如雲之重疊；重雜，各種兵器混合編成；權趮，即權操，構成重點之意。

註十 猋凡振陳，所以乘疑也；隱匿謀詐，所以釣戰也：猋凡振陳，疑是猋風振塵；乘，升高也；釣，以利誘敵也。

註十一 龍隋陳伏，所以山門也；龍，蜿蜒曲折前進；隋，倦而伏也；山門，山地作戰。

註十二 □□乖舉，所以厭津也。□□□卒，所以□□也；不意侍卒，所以昧戰也：這段多缺文，語意不明。惟大意說，白天作戰用普通士兵，夜戰則用精銳。

**【原典三】**

**過溝（而）陣，所以合少也（註一）。疏削明旗，所以疑敵也（註二）。剽陣䡨車，所以從遺也（註三）。推下移師，所以備強也（註四）。浮沮而翼，所以燧鬥也（註五）。禪括蘩避，所以莠桑也（註六）。簡練剽便，所以逆喙也（註七）。堅陣敦（削），所以攻槥也（註八）。揆斷藩薄，所以眩疑也（註九）。偽遺小亡，所以餽敵也（註十）。重害，所以茭（鬥）**

也（註十一）。順明到聲，所以夜軍也（註十二）。佰奉離積，所以利勝也（註十三）。剛者，所以御劫也（註十四）。

## 註釋

註一　遏溝（而）陣，所以合少也：遏，阻也；溝，河川也。對渡河中之敵作戰，只用少數兵力。

註二　疏削明旗，所以疑敵也：故意使陣線稀疏，鮮明的旗子，是為迷惑敵人。

註三　剽陣⿰車差車，所以從遺也：剽，音漂，輕疾之意；⿰車差，輕字之訛；從遺，追擊敵人也。意說，用輕剽之陣和輕便的車，適宜追擊敵人。

註四　椎下移師，所以備強也：與敵交戰中移動的部隊，要防備敵有強大的主力出現。

註五　浮沮而翼，所以燧鬥也：浮，輕也；沮，阻之訛也；燧鬥，激烈之戰鬥。意說，正面做輕浮的抵抗，加重兩翼以包圍，為激烈之戰鬥也。

註六　禪祏[illegible]避，所以莠[illegible]也：禪，借作蟬；祏，音恬，借作蛻；[illegible]，借作冥暗中也；莠，借作誘也；[illegible]，借作逆敵人。全句之意：如金蟬脫殼，暗中退兵，所以誘敵也。

註七　簡練剽便，所以逆喙也：喙，打開突破口之攻擊。意說，用簡練輕便的部隊，迎戰突破而入的敵人。

註八　堅陣敦□，所以攻槥也：□是削字，陣之正面也。槥，為小棺，堅固壁壘之意。意說，用堅固之陣，厚實的正面，攻敵之壁壘。

註九　揆斷藩薄，所以眩疑也：揆，度也；藩，藩籬也。意說，陣線斷斷續續，藩籬薄弱，這是為了迷惑敵人，引其疑心也。

註十　偽遺小亡，所以餽敵也：遺，遺棄也；亡，亡失也；餽，古人祀鬼曰餽，此當餌之意。

註十一　重害，所以茭□也：重害，用重兵猛攻；茭，即交字；□疑是鬥字。意說，用重兵猛烈攻擊，乃是決勝敗之戰。

註十二　順明到聲，所以夜軍也：明，白天，順明是白天用順的聲號，晚上用倒的聲號。

註十三　佰奉離積，所以利勝也：佰，同優字，佰奉即優奉；離，借作利字。意說，給軍人好的待遇，有助於打勝仗。

註十四　剛者，所以御劫也：剛，猛烈的戰鬥；御，作禦字用；劫，敵人的突襲。

**【原典四】**

**更者，所以過（援）也（註一）。（柔）者，所以御（削或喙）也（註二）……者，所以厭□也。胡退□入，所以解困也（註三）。**

△△△

……令以金……

……雲陣，御裹……

……胠，秦怫以逶迤，便罷……

……夜退以明簡，夜警……

……輿，火輪積以車，陣……

……龍隋陣……

……也。簡練□便，所以逆……

……斷藩薄，所以眩……

……所以餽敵也。重害，所……

……奉離積，所以利……

**註釋**

註一　更者，所以過□也：更，變更部署；□疑是援字。意說，變更部署，所以救援急難之處也。

註二　□者，所以御□也：上□疑是柔字，下□疑是削或喙二字。意說，用輕微的抵抗，以引誘敵正面之進攻或突入部隊，進入我預設之陷阱內。

註三　……者，所以厭□也。胡退□入，所以解困也：文字缺漏甚多，無法解釋。

本篇論軍事制度，大部份是論一般戰術。其在制度方面，對現代軍事動員制度，仍多可適用，很有啟發性。在一般戰術方面，在現代作戰中的攻、防、遭、追、轉、包、突之各戰法，也仍適用。這也證明了人性的千古不變，可惜本篇缺文、借用字太多，難以完善解讀。

# 十五、強　兵：論富國強兵

【原典】

威王問孫子曰：「……齊士教寡人強兵者，皆不同道……（有）教寡人以政教者，有教寡人以……（有教）寡人以散糧者，有教寡人以靜者，……之教□□行之教奚……（孫子曰）：「……皆非強兵之急者也。」威（王）……孫子曰：「富國。」威王曰：「富國……」……厚，威王、宣王以勝諸侯（註一），至於……

△△△

……大敗趙（註二）……

……將勝之，此齊之所以大敗燕（註三）……

……眾乃知之，此齊之所以大敗楚人（註四）反……

……擒唐□也（註五）……

……人於齧桑而擒氾皋也（註六）。

……擒□睘……

**註釋**

註一　威王、宣王以勝諸侯：按《史記》孟子荀卿列傳載：「齊威王、宣王用孫子（即孫臏）、田忌之徒，而諸侯東面朝齊。」可見威王、宣王之重用孫臏。

註二　大敗趙：按《竹書紀年》：「魏惠王後元十年（周顯王四十五年、齊宣王十九年、公元前三二四年），齊田肦及邯鄲（趙）韓舉戰於平邑，邯鄲之師敗逋，獲韓舉。」大敗趙，當係指此。

註三　此齊之所以大敗燕：指周赧王元年（公元前三一四年、齊宣王二十九年）齊宣王伐燕之事。

註四　此齊之所以大敗楚人：指周赧王十四年（公元前三〇一年、齊湣王十三年）秦庶長奐會韓魏齊伐楚，敗其師於重丘，殺其將唐昧之事。

註五　擒唐□也：似接註四，唐□，唐昧。

註六　……人於翻桑而擒氾皋也：上有缺文。翻桑，地名，今江蘇沛縣，原是薛地。周顯王四十七年（前三二二年），宋伐齊取五城，翻桑歸宋所有。周赧王二十九年（前二八六年）齊滅宋。氾皋，宋將之名。

本篇主旨是富國強兵，而強兵首要富國，這是我們中國古來兵家強調的治國原理。從《姜太公兵法》、到《孫子》和《吳起兵法》等，都強調富國強兵，孫臏當然也是。可惜本篇缺文很多，難知其全。

# 下卷

「孫臏兵法」部分出土竹簡照片

曰賞罰者兵之急者耶孫子曰非夫賞者所以喜衆令士忘死也 罰者所以正亂令民畏上也可

[illegible]

奈何孫子曰數而毋之□而損之 田忌曰行陳已定 動而令士必聽 奈何孫子曰嚴而視之利 田忌

[illegible]

也請問此六者有道乎 孫子曰有 [illegible]

[illegible]

田忌問孫子曰患兵者何也 困敵者何也 壁延不得者何也 失天者何也 失地者何也 失人者何

[illegible]

威[illegible]奈何孫子曰命曰讓威 必臧其尾令之能歸長兵在前短兵在[illegible]

[illegible]

# 十六、十　陣：論戰鬥部署之要領

【原典一】

凡陣有十：有方陣、有圓陣、有疏陣（註一）、有數陣（註二）、有錐行之陣（註三）、有雁行之陣（註四）、有鈎形之陣（註五）、有玄襄之陣（註六）、有火陣、有水陣。此皆有所利。方陣者，所以剸也。圓陣者，所以摶也（註七）。疏陣者，所以吳也。數陣者，為不可掇（註八）。錐形之陣者，所以決絕（註九）也。雁行之陣者，所以接射（註十）。鈎形之陣者，所以變質易慮（註十一）也。玄襄之陣者（註十二），所以疑眾難故也。火陣者，所以拔也。水陣者，所以倀固也。

方陣之法，必薄中厚方（註十三），居陣在後。中之薄也，將以吳也。重□其□，將以劓也。居陣在後，所以……

**註釋**

註一 疏：稀疏、疏散也。

註二 數：密集也。

註三 錐形之陣：前方尖形如錐之陣也。

註四 雁行之陣：展開如雁行之陣也。

註五 鈎形之陣：兩翼彎曲如鈎之陣也。

註六 玄[illegible]之陣：疑陣也。

註七 劓，截斷也；摶，團也、結聚也。

註八 所以吳也：是兵力少時；不可掇：掇，攻取，即不可被攻取。

註九 決絕：突破而切斷也。

註十 接射：不易接受敵人攻擊之意。

註十一 變質易慮：改變作戰計畫的考量。

註十二　玄襄之陣：疑陣也。

註十三　薄中厚方：指方陣部署，兩旁兵力要加強，當中次之，主力在後，中之薄者，為指揮方便也。

## 【原典二】

「圓陣之法」……（註一）

「疏陣之法」，其甲寡而人之少也，是故堅之。武者在旌旗，是人者在兵（註二）。故必疏鉅間（註三），多其旌旗羽旄，砥刃以為旁。疏而不可蹙（註四），數而不可軍（註五）者，在於慎。

車毋馳，徒人毋趨（註六）。凡疏陣之法，在為數丑（註七），或進或退，或擊或藐（註八），或與之征（註九），或要其衰，然則疏可以取銳矣。

數陣之法，毋疏鉅間，戚而行首積刃而信之，前後相保，變□□□，甲恐則坐（註十），以聲坐□，往者弗送，來者弗止，或擊其迂，或辱其銳，笲（註十一）之而無間，輭山（註十二）而退。然則數不可掇也。

**註釋**

註一　圓陣之法：據文意增補。

註二　是：借為示字。

註三　鉅：借為距字。

註四　蹙：急促也。

註五　軍：包圍也。

註六　趨：急走也。

註七　丑：小群也。

註八　蘱：意義不明，按文意，可能為停止而行之進攻。

註九　征：音征，驚而止也。

註十　坐：穩定不動也。

註十一　笲：竹器，盛棗用。

註十二　[illegible]：音反，古代車軸用具，皮革製，防泥沙者。

**【原典三】**

錐形之陣，卑（註一）之若劍，末不銳則不入（註二），刃不薄則不剸，本（註三）不厚則不可以列陣。是故末必銳，刃必薄，本必鴻（註四）。然則錐形之陣可以決絕矣。

「雁行之陣」……中，此謂雁陣之任（註五）。前列若[illegible]（註六），後列若貍（註七），三……闕羅而自存，此之謂雁陣之任。

鉤形之陣，前列必方，左右之和（註八）必鉤。三聲（註九）既全，五彩（註十）必具，辨吾號聲，知五旗。無前無後，無……

玄翼之陣，必多旌旗羽旄，鼓翡翡庄（註十一），甲亂則坐，車亂則行，已治者□，榼榼啐啐（註十二），若從天下，若從地出，徒來而不屈（註十三）？終日不拙。此之謂玄翼之陣。

## 註釋

註一　卑：借為譬。

註二　末：劍之尖端。

註三　本：指劍身。

註四　鴻：大也。

註五　任：作用也。

註六　[illegible]：借為貛，古代一種獸類，形似猿。

註七　狸：野貓也。

註八　左右之和：指左右之翼端。

註九　三聲：指金、鼓、笳三聲。

註十　五彩：各種顏色旗號。

註十一　鼓[illegible][illegible]庄：[illegible]，同翡；庄，同莊。

註十二　榼榼啐啐：鼓譟之聲。

註十三　徒來：步兵來。

【原典四】

火戰之法（註一），溝壘已成，重為溝塹，五步積薪，必均疏數，從役有數，令之為屬枇，必輕必利。風辟……火既自覆，與之戰弗克，坐行而北。火戰之法，下而衍以芥，三軍之士無所出泄。若此，則可火也。陵猋蔣芥，薪蕘既積，營窟未謹（註二）。如此者，可火也。以火亂之，以矢雨之，鼓譟敦兵（註三），以勢助之。火戰之法。

**註釋**

註一　火戰之法：前半是防敵之火，後半是以火攻敵。

註二　營窟未謹：營地整治不週全也。

註三　敦，勸勉也；鼓譟，鳴鼓以激勵士卒。

**【原典五】**

水戰之法（註一），其衆必徒而寡其車，令之為鈎楷蓯柤貳輯□絳（註二）皆具。進則必遂，退則不蹙，方蹙從流，以敵之人為招（註三）。水戰之法，便舟以為旗，馳舟以為使，敵往則遂，敵來則蹙，推攘因慎而飭之，移而革之，陣而□（註四），規（註五）而離之。故兵有誤車有御徒，必察其衆少，擊舟藾津（註六），示民徒來。水戰之法也。七百八十七

**註釋**

註一　水戰之法，前半防敵水攻，後半水攻敵人。

註二　指各種渡河工具。

註三　招：箭靶也。

註四　□，疑為攴字，音撲，小擊也。

註五　規：借為窺字。

註六　津：渡口也。蘋，同原典二，註八。

陣，就是作戰部署（兵力、火力等全面之部署）。不論孫臏時代或現代，作戰部署通常就是戰爭勝敗之關鍵，孫臏十陣與現代相較，大約仍只是文字用語名相不同，原理原則仍同。（參閱附錄三）

古代作戰部署中，陣是戰前之部署，壘是有設施的防禦陣地。十陣是十種作戰部署，通常「陣而後戰」，就是先做好部署，才能進行作戰。

# 十七、十　問：克敵制勝之作戰方略

【原典一】

兵問：交和而舍（註一），糧食均足，人民敵衡（註二），客主（註三）兩懼。敵人圓陣以胥（註四），因以為固，擊「之奈何？曰」：擊此者，三軍之眾分而為四五，或傅（註五）而佯北，而示之懼。彼見我懼，則遂分而不顧。因以亂毀其固。駟鼓同舉，五遂（註六）俱傅。五遂俱至，三軍同利。此擊圓之道也。

交和而舍，敵富我貧，敵眾我少，敵強我弱，其來有方，擊之奈何？曰：擊此者，□陣而□（註七）之，規而離之，合而佯北，殺將其後，勿令知之。此擊方之道也。

## 註釋

註一　交和而舍：和者，軍門也；舍，宿營也；交和，兩軍對峙也。即說，敵我雙方已擺開「陣勢」，準備進行作戰之意。

註二　敵衡：兵力相對等也。

註三　客主：攻勢方稱「客」，守勢方稱「主人」。

註四　胥：等待也。

註五　傅：借作薄字，進攻迫敵之意。

註六　遂：借作隊字。

註七　□陣而□：上□疑為疏字，下□疑是攴字。

## 【原典二】

交和而舍，敵人既眾以強，勁捷以剛，銳陣以胥，擊之奈何？擊此者，必三而離之，一者延而衡（註一），二者□□□□□恐而下惑，上下既亂，三軍大北（註二）。此擊銳之道也。

交和而舍，敵既衆以強，延陣以衡，我陣而待之，人少不能，擊之奈何？擊此者，必將三分我兵，練我死士，二者延陣張翼，一者材士練兵（註三），期其中極（註四）。此殺將擊衡之道也。

**註釋**

註一　延而衡：擺開了陣勢。

註二　二者□□□□□恐而下惑：語意不明。

註三　材士練兵：精銳敢戰之兵。

註四　中極：要害。

**【原典三】**

交和而舍，我人兵則衆，車騎則少敵人十倍，擊之奈何？擊此者，當保險帶隘（註一），慎避廣易（註二）。故易則利車，險則利徒。此擊車之道也。

交和而舍，我車騎則眾，人兵則少敵人十倍，擊之柰何？擊此者，慎避險阻，決而導之，抵諸易（註三）。敵雖十倍，便我車騎，三軍可擊。此擊徒人（註四）之道也。

交和而舍，糧食不屬（註五），人兵不足侍（註六），絕根而攻，敵人十倍，擊之柰何？曰：擊此者，敵人既□而守阻，我……反而害其虛。此擊爭□之道也。（註七）

**註釋**

註一　保險帶隘：佔據險要地帶也。

註二　慎避廣易：謹慎避開平坦廣闊地形。

註三　抵諸易：將敵人誘至或壓迫到平坦開闊地形。

註四　徒人：步兵也。

註五　糧食不屬：不能就地征糧，須由後方運送。

註六　侍：借作恃字。

註七　此段之末語意不明。

## 【原典四】

交和而舍，敵將勇而難懼，兵強人眾自固，三軍之士皆勇而無慮，其將則威，其兵則武，而理強粱捷（註一），諸侯莫之或待（註二）。擊之柰何？曰：擊此者，告之不敢，示之不能，坐挫而待之，以驕其意，以惰其志，使敵弗識，因擊其不□，攻其不御，壓其駘（註三），攻其疑。彼既貴既武，三軍徙舍（註四），前後不相睹，故中而擊之，若有徒與。此擊強眾之道也。

### 註釋

註一 理強粱捷：似可當「吏強糧接」用。

註二 待：或作「怠」解，怠忽也。

註三 駘：或作「怠」解，怠惰也。

註四 三軍徙舍：指敵軍之懈怠廢弛。

【原典五】

交和而舍，敵人保山而帶阻，我遠則不接，近則無所（註一），擊之奈何？擊此者，彼斂阻移□□□□則危之，攻其所必救，使離其固，以揆其慮（註二），施伏設援，擊其移庶（註三）。此擊保固之道也。

交和而舍，客主兩陣，敵人形箕（註四），計敵所願，欲我陷覆，擊之奈何？擊此者，渴者不飲，飢者不食，三分用其二，期于中極，彼既□□，材士練兵，擊其兩翼，□彼□喜□□三軍大北。此擊箕之道也。七百一十九

**註釋**

註一　我遠則不接，近則無所：意說，我軍難以從遠方進攻，接近又無法展開部隊。

註二　揆其慮：察知其企圖也。

註三　擊其移庶：擊敵于移動中也。

註四　敵人形箕：敵人利用地形，佈置陣地如箕形之謂。

本篇孫臏設想十種狀況（類似現代的想定），並作出解答，如現代之應用戰術。孫臏不問敵我兵力比，均從詭道、謀略切入，這是孫臏兵法之特色。

十項問答，全是如何攻敵之問題，且在以寡擊眾和以弱擊強之戰法。十問十答，可視孫臏用想定，教導作戰指揮官如何實行「兵者詭道」之法。

# 十八、略 甲：十問之略補

【原典】

略甲（註一）之法，敵之人方陣□□無……

……欲擊之，其勢不可，夫若此者，下之……

……以國章，欲戰若狂，夫若此者，少陣……

……反，夫若此者，以眾卒從之，篡（註二）卒因之，必將……

……篡卒因之，必……

△△△

……威□□其難將之□也。分其眾，亂其……

……陣不厲，故列不……

……遠揄之，敵倦以遠……

……治，孤其將，蕩其心，擊……

……其將勇，其卒眾……

……彼大眾將之……

……卒之道……

……左右旁伐以相趨，此謂鏝鈎擊。

……之氣不藏於心，三軍之眾□循之知不……

……將分□軍以脩□□□□寡而民……

## 註釋

註一　略甲：略，有攻擊之意；甲是甲士。即攻擊敵人之甲士。

註二　篡：借作選字。

本篇各殘簡損壞過多，無法解讀。因之，簡之次序亦難確定，全文似為前篇〈十問〉之續，留待未來專家可以更科學的考證。

# 十九、客主之分：以寡擊眾之戰爭藝術

## 【原典一】

兵有客之分，有主人之分。（註一）客之分眾，主人之分少。客倍主人半，然可敵也。負……定者也（註二）。客者，後定者也，主人安地撫勢以胥（註三）。夫客犯隘逾險而至，夫犯隘……退敢刎頸，進不敢拒敵，其故何也？勢不便，地不利也。勢便地利則民自……自退。所謂善戰者，便勢利地者也。帶甲數十萬，民有餘糧弗得食也，有餘……居兵多而用兵少也，居者有餘而用者不足（註四）。帶甲數十萬，千千而出，千千而□之……萬萬以遺我。所謂善戰者，善翦斷之，如□會抚者也。能分人之兵，能按人之兵，則錙（銖）而有館（註五）。不能分人之兵，不能按人之兵，則數倍而不足。

**註釋**

註一　「客」，指侵入他國境內的攻方，通常為外線作戰；「主」，是在自己土地上守的一方，通常為內線作戰。

註二　此句殘缺，似說先做好部署。

註三　主人安地撫勢以胥：利用有利部署，嚴陣以待。

註四　意說，民間豐足而軍中缺糧……民多兵少，民用有餘而軍用不足。

註五　能分人之兵，能按人之兵，則錙（銖）而有餘：能分散敵人之兵力，就能以少數兵力各個擊破。錙和銖，都是古代重量單位，大約是「兩」以下，形容份量極微小。

【原典二】

眾者勝乎？則投算而戰耳（註一）。富者勝乎？則量粟而戰耳。兵利甲堅者勝乎？則勝易知矣（註二）。故富未居安也，貧未居危也；眾未居勝也，少（未居敗也）。以決勝敗安危者，道也。敵人眾，能使之分離而不相救也，受敵者不得相……以為固（註三），甲堅兵利不得以為強，士有勇力不得以衛其將，則勝有道矣。故明主、知道之將必先□，可有功於未戰之前，故不失；可有之（註四）功於已戰之後，故兵出而有功，入而不傷，則明於兵者也（註五）。五百一十四

△△△

……焉。為人客則先人作……

……兵曰：主人逆客於境……

……客好事則……

……使勞，三軍之士可使畢失其志，則勝可得而據也。是以按左扶右，右敗而左弗能救；按右扶左，左敗而右弗能救。是以兵坐而不起，避而不用，近者少而不足用，遠者疏而不能……

## 註釋

註一 眾者勝乎？則投算而戰耳：人多一定打勝仗嗎？那麼算人頭決定勝敗就好了！何必發動戰爭！

註二 兵利甲堅者勝乎？則勝易知矣：兵強馬壯就一定打勝仗嗎？如果是這樣，勝利就太容易了。

註三 ……以為固：上有缺文。可能指說，「溝深壘高不得」以為固。

註四 之：可能為衍文。

註五 則明於兵者也：明白「決勝敗安危者，道也。」，既明白戰爭藝術也。

本篇孫臏論以寡擊眾之戰爭藝術。「眾者勝乎？則投算而戰耳。富者勝乎？則量粟而戰耳。兵利甲堅者勝乎？則勝易知矣。」「以決勝敗安危者，道也。」。

由此可知，孫臏的基本思想，為戰爭藝術重於物質數量。既是說，決定勝敗安危，精神、士氣、藝術、戰略、謀略之用，重於武器裝備和兵力數量。

# 二〇、善　者：論戰爭之主動權

## 【原典一】

善者（註一），敵人軍□人眾，能使分離而不相救也，受敵而不相知也（註二）。故溝深壘高不得以為固，車堅兵利不得以為威，士有勇力而不得以為強。故善者制險量阻（註三），敦（註四）三軍，利屈伸，敵人眾能使寡，積糧盈軍能使飢，安處不動能使勞，得天下能使離，三軍和能使柴（註五）。故兵有四路、五動：進，路也；退，路也；左，路也；右，路也。進，動也；退，動也；左，動也；右，動也；默然而處，亦動也。

## 註釋

註一　善者：指善於指揮作戰的將帥。

註二　受敵而不相知也：意說，受我方攻擊之敵，他們都互不知曉，也就無法相互救援。

註三　制險量阻：察知地形，利用險阻。

註四　敦：敦睦也。

註五　柴：不合、怨恨也。

## 【原典二】

善者四路必徹（註一），五動必工（註二）。進不可迎於前（註三），退不可絕於後，左右不可陷於阻，默（然而處），□□於敵之人（註四）。故使敵四路必窮，五動必憂。進則傅（註五）於前，退則絕於後，左右則陷於阻，默然而處，軍不免於患。善者能使敵卷甲趨遠，倍道兼行，倦病而不得息，飢渴而不得食。以此薄敵，戰必不勝矣（註六）。我飽

食而待其飢也，安處以待其勞也，正靜以待其動也。故民見進而不見退。蹈白刃而不還踵。二百□□□

**註釋**

註一　徹：通達、徹底也。

註二　工：巧、善也。

註三　進不可迎於前：即我進軍時，敵不能迎阻於前。

註四　□□於敵之人：□□，疑是無患。

註五　傅：借作薄，迫戰也。

註六　戰必不勝：指敵方而言。

本篇主旨，在說明指揮官在戰場上，如何掌控主動權，而使敵人陷於被動，進而取勝之戰爭藝術。今之機動戰、游擊戰，亦類此。

孫臏所示之四路、五動，都是戰場掌握主動之法則。由孫臏指揮之兩大名戰，桂陵和馬陵會戰（見附卷），都是主動權掌控之經典也，萬古不朽！

# 二一、五名五恭：對諸種類型敵人作戰與戰地民政

【原典一】

兵有五名（註一）：一曰威強，二曰軒驕（註二），三曰剛至（註三），四曰助忌（註四），五曰重柔（註五）。夫威強之兵，則屈軟而待之（註六）；軒驕之兵，則恭敬而久之；剛至之兵，則誘而取之；助忌之兵，則薄其前，譟其旁，深溝高壘而難其糧（註七）；重柔之兵，則譟而恐之，振而擁之，出則擊之，不出則回（註八）之。五名

**註釋**

註一　五名：指按軍事力量的性質分，有五種類型。

註二　軒驕：高傲、驕悍也。

註三　剛至：剛強也。

註四　助忌：疑忌也。

註五　重柔：很柔也。

註六　屈軟：用政治、外交、謀略之意。

註七　難其糧：斷其糧道。

註八　回：圍也。

## 【原典二】

兵有五恭、五暴（註一）。何謂五恭？入境而恭，軍失其常。再舉而恭，軍無所糧。三舉而恭，軍失其事（註二）。四舉而恭，軍無食。五舉而恭，軍不及事（註三）。入境而暴，謂之客。再舉而暴，謂之華（註四）。三舉而暴，主人懼。四舉而暴，卒士見詐（註五）。五舉而暴，兵必大耗。故五恭、五暴，必使相錯也（註六）。五恭　二百五十六

**註釋**

註一　五恭、五暴：指進入敵人國境後，五種謹慎和五種暴力程度不同的作戰型態。

註二　軍失其事：軍事上有所失誤。

註三　軍不及事：軍事上沒有事功可言。

註四　華：戰果。

註五　卒士見詐：中敵詐計也。

註六　相錯：交互運用也。

五名分述五種方略，應付五種不同性質的敵人。五恭五暴，是深入敵境後，戰地民政相互運用之道理。全篇分兩段，前段論對各類型敵人之作戰，後段是進入敵境之戰地民政，孫臏重視精神、意識，為其兵學之基礎。

# 二二、兵 失：戰爭失利的各種因素

## 【原典】

欲以敵國之民之所不安，正俗所……難敵國兵之所長，耗兵也。欲強多（註一）國之所寡，以應敵國之所多，速屈（註二）之兵也。備固，不能難敵之器用（註三），陵兵（註四）也。器用不利，敵之備固，挫兵也。兵不……明者也。善陣，知背向（註五），知地形，而兵數困，不明於國勝、兵勝（註六）者也。民……兵不能昌大功，不知會（註七）者也。兵失民，不知過者也。兵用力多功少，不知時者也。兵不能勝大患，不能合民心者也。兵多悔，信疑者也。兵不能見福禍於未形，不知備者也。兵見善而怠，時至而疑，去非而弗能居，止道（註八）也。貪而廉，龍而敬（註九），弱而強，柔而（剛），起道也。行止道者，天地弗能興也。行起道者，天地……

△△△

……之兵也。欲以國……

……內疲之兵也。多費不固……

……見敵難服，兵尚淫天地……

……而兵強國……

……兵不能……

**註釋**

註一　強多：勉強增加也。

註二　速屈：竭盡也。

註三　器用：兵器、械材也。

註四　陵兵：受欺陵的軍隊也。

註五　背向：指人心、民心歸向。
註六　國勝、兵勝：國勝，國家戰略也；兵勝，軍事戰略也。
註七　會：機會。
註八　去非而弗能居，止道也：錯誤雖已改正，仍不能按正確途徑去行事，是軍事上的「失道」。
註九　貪而廉，龍而敬：龍，古與「恭」通用，此處可能借為「寵」字。意說，貪取於敵而廉潔自持，受寵仍恭敬，弱中有強，柔中有剛，是軍事上之「得道」。

孫臏分析戰爭失利的各種因素，歸結於「止道」和「起道」，在軍事上應該「得道」，不能有所「失道」。孫臏也指出「國勝」和「兵勝」的問題，國勝是國家戰略，兵勝是軍事戰略，上下必須調和並統一起來，才能創造戰爭之勝利。

# 二三、將　義：將帥應具之品德

【原典】

將者不可以不義，不義則不嚴，不嚴則不威，不威則卒弗死（註一）。故義者，兵之首也。將者不可以不仁，不仁則軍不克，軍不克則軍無功。故仁者，兵之腹也。將不可以無德，無德則無力，無力則三軍之利不得。故德者，兵之手也。將者不可以不信，不信則令不行，令不行則軍不摶（註二），軍不摶則無名（註三）。故信者，兵之足也。將不可以不智勝（註四），不智勝……則軍無□。故決（註五）者，兵之尾也。

**註釋**

註一　卒弗死：士卒不肯效死命也。

註二　摶：音圓，楚人稱圓曰摶。在此可能做「團」解，即團結之意。

註三　無名：事功、名譽也。

註四　不智勝：「勝」字，可能是最初整理竹簡時，抄書多寫的，原簡當作「不可以不智」。

註五　決：決心、果斷之意。

將帥應有的品德，孫武提出智、信、仁、勇、嚴；吳起提出理、備、果、戒、約；孫臏在此提出義、仁、德、信、智。文字名相雖小有差別，惟品德標準略同。孫臏之「智信仁義」，等於孫武的「智信仁勇嚴」，只有「德」是另加的，這和孫臏的「統軍、帶兵、用兵」的最高標準有關。孫武在吳為軍師，不直接統軍作戰，於入郢勝楚後，飄然而退，他在吳時間較短。

孫臏在齊，亦謙居軍師，事實上等於統帥，田忌不過虛領其名，他在齊時間較長。他不願在孫武的「智信仁勇嚴」五字外，多加添一字，遂以「義」兼代「勇、嚴」二字，配上「德」字耳。

# 二四、將　德：將帥帶兵用兵之準則

【原典】

……赤子（註一），愛之若狡（註二）童，敬之若嚴師，用之若土芥（註三），將軍……

……不失，將軍之智也。不輕寡（註四），不劫於敵（註五），慎終若始，將軍……

……而不御（註六），君令不入軍門，將軍之恒也。入軍……

……將不兩生（註七），軍不兩存（註八），將軍之……

……將軍之惠也。賞不逾日，罰不還面（註九），不維其人，不何……

……外辰，此將軍之德也。

## 註釋

註一 ……赤子：可能是「視之若赤子」。

註二 狡：年少而美好。

註三 土芥：形容無價值之謂。

註四 不輕寡：不因敵少而輕視之。

註五 劫：迫也。不被強敵驚嚇。

註六 ……而不御：可能是「將在軍，君而不御」。

註七 兩生：指投降敵人而獲再生之意。

註八 兩存：有敵無我，不能兩存也。

註九 還面：轉臉，立刻也。

本篇孫臏指出將帥帶兵用兵之準則，惜殘簡缺文甚多。惟不完整的五小段仍可看出大要，第一段是帶兵用兵的最高準則，第二段是將軍之智，第三段是「君令不入軍門」，第四段「將不兩生、軍不兩存」，第五段「賞不逾日、罰不還面」。歷來也都是兵法家、軍事家所重視，且必須貫徹執行的問題。

# 二五、將　敗：將帥之敗德

## 【原典】

將敗（註一）：一曰不能而自能。二曰驕。三曰貪於位。四曰貪於財。（五曰）□。六曰輕。七曰遲（註二）。八曰寡勇。九曰勇而弱。十曰寡信。十一（曰）……十四曰寡決。十五曰緩（註三）。十六曰怠。十七曰□。十八曰賊（註四）。十九曰自私。廿曰自亂。多敗者多失。

## 註釋

註一　將敗：將帥的缺點，可能導至戰爭失敗。

註二　遲：遲疑不決也。

註三　緩：緩慢也。

註四　賊：殘暴也。

孫臏列舉二十種敗德，以為將帥者戒。諺云：「失敗為成功之母」，茍能知敗而改，則免於失敗矣！孫臏之意，亦在斯乎。將帥在這二十種敗德中，只有有一者，都可能種下戰場上的敗因，例如驕兵或遲疑，都是三軍的災難，孫武、吳起亦如此警示。

# 二六、將　失：將帥戰場指揮失敗之因素

【原典一】

將失：一曰，失所以往來（註一），可敗也。二曰，收亂民而還用之，止北卒而還鬥之（註二），無資而有資（註三），可敗也。三曰，是非爭，謀事辯訟（註四），可敗也。四曰，令不行，眾不壹，可敗也。五曰，下不服，眾不為用，可敗也。六曰，民苦其師（註五），可敗也。七曰，師老（註六），可敗也。八曰，師懷（註七），可敗也。九曰，兵遁，可敗也。十曰，兵□不□，可敗也。十一曰，軍數驚，可敗也。

**註釋**

註一　往來：指軍隊在戰場上，被迫或茫無目的之調動。

註二　北卒：敗兵也。
註三　無資而有資：本無實力，而以為自己有實力。
註四　謀事辯訟：謀事不成、爭論不決也。
註五　民苦其師：戰地民眾對軍隊感到痛苦，或厭惡。
註六　師老：軍隊征戰太久，師老兵疲，士氣低落。
註七　師懷：官兵有所懷念，無必死之心。

**【原典二】**

十二曰，兵道足陷，眾苦，可敗也。十三曰，軍事險固，眾勞（註一），可敗也。十四（曰），□□□備，可敗也。十五曰，日暮路遠，眾有至氣（註二），可敗也。十六曰，……可敗也。十七（曰），……眾恐，可敗也。十八曰，令數變，眾偷（註三），可敗也。十九曰，軍淮（註四），眾不能其將吏，可敗也。廿曰，多幸（註五），眾怠，可敗也。廿一曰，多疑，眾疑，可敗也。廿二曰，惡聞其過，可敗也。廿三曰，與不能（註六），可敗也。

**註釋**

註一　眾勞：官兵過於疲勞也。
註二　眾有至氣：一心希望到達目的地，則軍心欠缺戒備之意，故易於失敗。
註三　偷：苟且偷安也。
註四　淮：疑借作乖，不和也。
註五　多幸：偏愛也。
註六　與不能：任用無能之輩。

**【原典三】**

廿四曰，暴露傷志（註一），可敗也。廿五曰，期戰心分（註二），可敗也。廿六曰，恃人之傷氣（註三），可敗也。廿七曰，事傷人，恃伏詐（註四），可敗也。廿八日，軍與無□，（可敗也。廿九日），□下卒，衆之心惡，可敗也。卅日，不能以成陣，出於夾道（註五），可敗也。卅一日，兵之前行後行之兵，不參齊於陣前，可敗也。卅二日，戰而憂前者後虛，憂後者前虛，憂左者右虛，憂右者左虛，戰而有憂，可敗也。

**註釋**

註一　傷志：傷害士氣的事。

註二　期戰心分：戰期已至，軍心仍渙散也。

註三　恃人之傷氣：憑借敵人之士氣衰落也。

註四　事傷人，恃伏詐：做的事都傷人，依靠的是詐欺的行為。

註五　夾道：狹道也。兵力不能展開的狹小地帶。

本篇孫臏列舉三十二項「將失」，乃將帥在戰場上指揮作戰容易導至失敗的原因。在《孫武兵法》〈九變篇〉，即講將帥指揮，在十三篇中，字數最少，孫臏可能為補〈九變篇〉，而有本篇之加強。

# 二七、雄牝城：城塞之攻略

**【原典一】**

城在渒澤（註一）之中，無亢山名谷（註二），而有付丘（註三）於其四方者，雄城也，不可攻也。軍食流水，（生水也，不可攻）也（註四）。城前名谷，背亢山，雄城也，不可攻也。城中高外下者，雄城也，不可攻也。城中有付丘者，雄城也，不可攻也。

**註釋**

註一　渒澤：淺小沼澤地帶。

註二　亢山：高山也；名谷，大谷也。

註三　付丘：丘嶺起伏地也。

註四　流水：活水也。

## 【原典二】

營軍趣舍（註一），毋回名水（註二），傷氣弱志（註三），可擊也。城背名谷，無亢山其左右，虛城也，可擊也。□盡燒（註四）者，死壤也，可擊也。軍食泛水（註五）者，死水也，可擊也。城在發澤（註六）中，無名谷付丘者，牝城（註七）也，可擊也。城在亢山間，無名谷付丘者，牝城也，可擊也。城前亢山，背名谷，前高後下者，牝城也，可擊也。

**註釋**

註一　營軍：宿營也；趣舍，行軍也。

註二　毋回名水：回，有環繞之意；名水，大河，廣大水域之意。

註三　傷氣弱志：軍心士氣不振之意。

註四 □盡燒：□疑地字；燒借作磽字，磽地，為貧瘠的土地。

註五 泛水：積水也，非暢流之水。

註六 發澤：大沼澤地之意。

註七 牝：雄之對，虛弱也。

本篇之主旨，孫臏從地形性質，討論不可攻之雄城（喻堅固之城），與可攻之牝城（喻虛弱之城）。古時城池就是要塞，所謂不可攻，乃指難攻或代價很大才能攻下。在真實歷史上，古今中外無論多麼堅固之城，都曾被攻破，這是可以確定的。

# 二八、五度九奪：論作戰目標

【原典】

……矣。救者至，又重敗之。故兵之大數（註一），五十里不相救也。況近□□□□□數百里（註二），此程（註三）兵之極也。故兵（註四）曰：積（註五）弗如，勿與持久。眾弗如，勿與接和（註六）。□（弗如，勿與□□。□弗如，勿）與□長。習（註七）弗如，毋當其所長。五度（註八）既明，兵乃橫行。故兵……趨敵數。一曰取糧。二曰取水。三曰取津（註九）。四曰取途。五曰取險。六曰取易。七曰（取□。八曰取□。九）曰取其所讀（註十）貴。凡九奪，所以趨敵也。四百二字。

**註釋**

註一　兵之大數：兵，兵事與戰爭之意；大數，大要也。

註二　□□□□數百里：本句缺文，可能是「近者數里，遠者數百里。」

註三　程：衡量也。

註四　兵：此處作「兵書」解。

註五　積：委積，指各種後勤補給。

註六　接和：指兩軍對峙而言。

註七　習：教育訓練之意。

註八　五度：指上述「積弗如……」等五事，但只有三事，即積、眾、習三者。餘二者，殘簡不明。

註九　津：渡口。

註十　讀：借作獨字。獨貴者，敵最痛痒之處，如指揮官、指揮中心等。意同《孫武兵法》〈九地篇〉：「先奪其所愛」。

五度九奪，以現代軍語，即於作戰時，衡量敵情，決定我軍之作戰目標。第一段說明軍事上互相支援行動上，衡量的關鍵。第二段「五度」戒免事項，因竹簡缺文，只得三事，然此三者已是「知己知彼」之大要。

第三段「九奪」之作戰目標，第八、九項不明，殊為遺憾。糧道、水源是軍隊的生命線，古今戰場上爭奪的首要目標，二〇二二年正開打的「俄烏戰爭」也不例外。

# 二九、積 疏：論戰爭勝敗之重要問題

【原典一】

……（積）勝疏（註一），盈勝虛，徑勝行（註二），疾勝徐，眾勝寡，佚勝勞。積故積之（註三），疏故疏之，盈故盈之，虛（故虛之，徑故徑）之，行故行之，疾故疾之，（徐故徐之，眾故眾之），寡故寡之，佚故佚之，勞故勞之。積疏相為變（註四），盈虛（相為變，徑行相為）變，疾徐相為變，眾寡相（為變，佚勞相）為變。

**註釋**

註一 積疏：積，積聚、集中也；疏，疏散、分散也。

註二　徑：小徑、捷徑、較小道路也；行，大道也。

註三　積故積之：意說，應當集中兵力的時候，就要集中兵力。以下句法都相同。

註四　積疏相為變：集中與分散相互變化，亦奇正相生也。以下句法都相同。

**【原典二】**

**毋以積當積（註一），毋以疏當疏，毋以盈當盈，毋以虛當虛，毋以疾當疾，毋以徐當徐，毋以眾當眾，毋以寡當寡，毋以佚當佚，毋以勞當勞。積疏相當（註二），盈虛相（當，徑行相當，疾徐相當，眾寡）相當，佚勞相當。敵積故可疏（註三），盈故可虛，徑故可行，疾（故可徐，眾故可寡，佚故可勞。）……**

**註釋**

註一　毋以積當積：不要用集中兵力對敵之集中兵力，以聚集對聚集，則無奇也。以下句法都相同。

註二　積疏相當：集中和分散相對。以下句法都相同。

註三　敵積故可疏：敵人集中兵力，我可使其分散，是以奇勝之也。以下句法都相同。

軍隊在戰場上如何成為一支「神兵」？孫臏指出六個關鍵法門：積疏、盈虛、徑行、疾徐、眾寡、佚勞，這是六種相互變化之關係。核心思維則同《孫武兵法》之「兵者，詭道也。」

孫臏應是古今實踐「詭道」之第一人，他用兵無所不奇。他策訂之三大作戰計畫：㈠為田忌賽馬，以下駟對上駟、㈡桂陵會戰，圍魏救趙、㈢馬陵會戰，減灶法以欺魏軍，無一不是出奇制勝，成為千古戰史之典範。

# 三〇、奇 正：總論戰爭藝術

【原典一】

天地之理，至則反，盈則敗（註一），□□（註二）是也。代興代廢，四時是也（註三）。有勝有不勝，五行（註四）是也。有生有死，萬物是也。有能有不能，萬生（註五）是也。有所有餘，有所不足，形勢是也。故有形之徒，莫不可名（註六）。有名之徒，莫不可勝（註七）。故聖人以萬物之勝勝萬物（註八），故其勝不屈（註九）。戰者，以形相勝者也。

**註釋**

註一 至則反，盈則敗：反，可作相反、返回之意。即說，物極必反，盛極必衰。

註二 □□：疑是日月二字。

註三 代：更替也。

註四 五行：金木水火土也。

註五 萬生：指一切生物。

註六 有形之徒，莫不可名：有形體可以看見的事物，沒有不可名的，即可以命名。

註七 有名之徒，莫不可勝：只要叫得出名的，就必定有辦法可以打敗它，取得勝利。

註八 以萬物之勝勝萬物：意說，用一物之特性，克制另一物，以此駕馭萬物也。

註九 不屈：無窮盡也。

## 【原典二】

形莫不可以勝，而莫知其所以勝之形（註一）。形勝之變，與天地相敝而不窮（註二）。形勝，以楚越之竹書（註三）之而不足。形者，皆以其勝勝者也（註四）。以一形之勝勝萬形，不可（註五）。所以制形壹也，所以勝不可壹也（註六）。故善戰者，見敵之所長，則知其所短；見敵之所不足，則知其所有餘（註七）。見勝如見日月。其錯（註八）勝也，如以水勝火。

**註釋**

註一　形：形勢也。與《孫武兵法》〈虛實篇〉中，「夫兵形象水……兵之形，避實而擊虛……」的「形」字，意義相同。

註二　天地相敝而不窮：敝，盡也。萬事萬物相生相克的現象，和天地共始終而無窮無盡也。

註三　楚越之竹書之而不足：形容萬物相勝，用楚越竹書也寫不完的。

註四　其勝勝者也：言勝者，皆以其勝形，而勝其他也。

註五　以一形之勝勝萬形，不可：以一種形勢，去制勝萬物，是不可能的。

註六　勝不可壹也：意同《孫武兵法》〈虛實篇〉中，「故其戰勝不復，而應形於無窮。」

註七　長與短，不足與有餘：與「至則反、盈則敗」，道理相同。

註八　錯：同措，措置也。猶言制勝。

**【原典三】**

形以應形，正也；無形而制形，奇也（註一）。奇正無窮，分也。分之以奇數，制之以五行，鬥之以□□。分定則有形矣，形定則有名（矣）（註二）……同不足以相勝也，故以異為奇。是以靜為動奇，佚為勞奇，飽為饑奇，治為亂奇，眾為寡奇。發而為正（註三），其未發者奇也。奇發而不報，則勝矣。有餘奇者，過勝者也，故一節痛，百節（註四）不用，同體也。前敗而後不用（註五），同形也。

**註釋**

註一　這二句之意：用有形對付有形，是正；用無形對付有形，是奇。

註二　分：同《孫武兵法》〈兵勢篇〉中，「凡治眾如治寡，分數是也」的「分數」。分數者，編組也。旌旗曰「形」，金鼓曰「名」，形名者，號令也。

註三　發而為正：先發動者為正。

註四　節：人身上關節也。

註五　前敗而後不用：前線戰敗，後方也紛亂。

**【原典四】**

故戰勢，大陣□斷，小陣□解。後不得乘前，前不得然（註一）後。進者有道出，退者有道入。賞未行，罰未用，而民聽令者，其令，民之所能行也。賞高罰下，而民不聽其者，其令，民之所不能行也。使民雖不利，進死而不旋踵，孟賁（註二）之所難也，而責之民，是使水逆流也。故戰勢，勝者益（註三）之，敗者代之（註四），勞者息之，饑者食之。故民見□（註五）人而未見死，蹈白刃而不旋踵。故行水得其理，漂石折舟（註六）；用民得其性，則令行如流。 四百八十七

**註釋**

註一　然：借作蹨字用，踐踏也。

註二　孟賁：古之勇士，力能生拔牛角。

註三　益：增強也。

註四　敗者代之：打敗仗的部隊，要接替下來，進行整補。

註五　故民見□：□疑生字，生人，活人也。意謂，只見生者，未見死者。

註六　行水得其理，漂石折舟：比喻用兵使民，都有一定的基本道理，把握到原理本性，便能通行無阻。約意同《孫武兵法》〈兵勢篇〉，「激水之疾，至於漂石者，勢也……」。

奇正是古代軍事上常用術語，奇正相對，也是相成。正是一般正規作戰，奇是變化的出奇制勝。本篇可視為孫臏兵法之總結，即戰爭是奇正變化的藝術，以及如何運用奇正原則，以克敵制勝。

本篇要旨，首先說明天地循環、相克相生的道理。其次談奇正之妙用，孫臏似有意說明《孫武兵法》中，〈兵勢〉和〈虛實〉兩篇有關奇正之闡揚；最後是用兵使民的基本要領，如孫武〈行軍篇〉，「令素行以教其民，則民服；令不素行以教其民，則民不服；令素行，與眾相得也。」，意義均相同。

# 附 卷

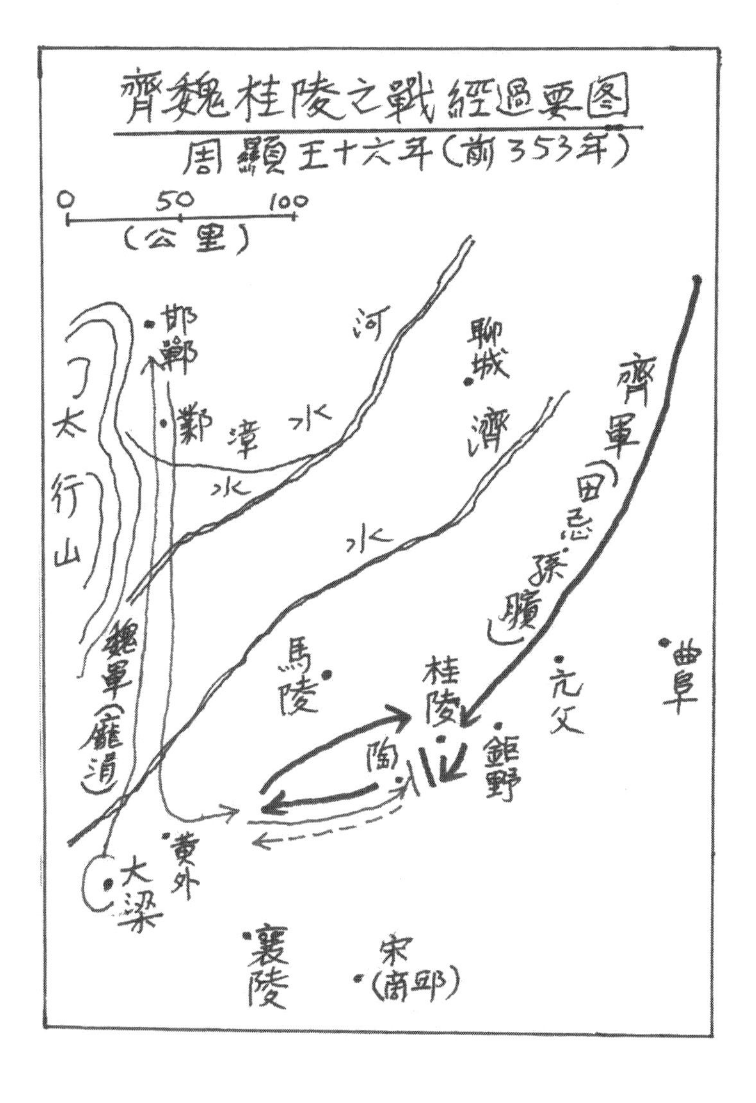
齊魏桂陵之戰經過要圖
周顯王十六年（前353年）
0
50
100
（公里）
邯鄲
鄴
漳水
河
水
聊城
濟
水
太行山
齊軍（田忌、孫臏）
魏軍（龐涓）
馬陵
桂陵
陶
鉅野
亢父
曲阜
黃外
大梁
襄陵
宋（商邱）

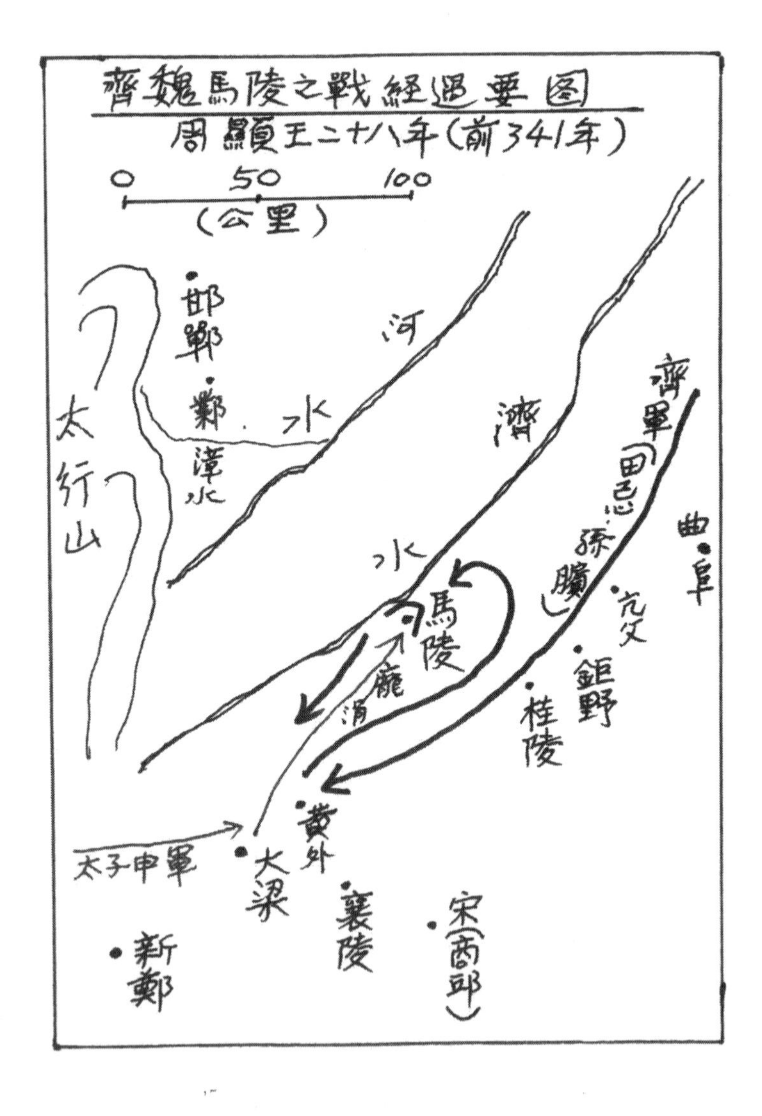
齊魏馬陵之戰經過要圖
周顯王二十八年（前341年）
0 50 100
（公里）
邯鄲
鄴
水
漳水
河
太行山
濟
水
齊軍（田忌、孫臏）
曲阜
亢父
鉅野
桂陵
馬陵
龐涓
黃外
太子申軍
大梁
襄陵
宋（商邱）
新鄭

# 第一章　齊魏桂陵之戰

齊魏桂陵之戰，發生在我們中國戰國時代，周顯王十六年（前三五三年）。魏惠王令龐涓攻趙，圍邯鄲。齊威王使田忌、孫臏救趙，孫臏以「圍魏救趙」一計，大敗魏軍於桂陵。本章略述此一戰役之始末經過（參閱前圖），分項述之。

## 壹、戰前一般形勢及戰爭導因

在孫臏所處的戰國時代，當時的七國之君是魏惠王、趙成侯、韓昭侯、楚宣王、秦孝公、齊威王、燕文公。這七國之中，以魏國最為強大。而當時的齊威王，因有鄒忌、田忌、孫臏、田嬰、田盼諸能人相佐，逐漸強盛，有與魏爭霸中原之勢。

惟因魏武侯、惠王對外政策的錯誤，造成三晉內鬨，與四周各國，秦、齊、韓、趙，屢屢發生戰爭，實處四面皆敵，極為不利之形勢。

魏與韓、趙交兵之遠因，應追述到周安王十六年（前三九六年），魏武侯以兵助趙公子朝襲邯鄲（今河北省邯鄲）之事。先是趙武侯卒，公子朝與敬侯爭位。公子朝奔魏，魏武侯以兵助公子朝襲邯鄲，不克。同年，趙開始南向與魏爭奪衛國之控制權，於是趙魏連年在衛地發生衝突，是為魏趙構兵之遠因。

周威烈王五年（前三七一年），魏武侯卒，惠王與公中緩爭立，韓趙乘魏內亂，聯軍攻魏，敗魏軍於濁澤、安邑。韓欲兩分魏地，令惠王與公中緩分治之，未果，解圍而去。次年，魏為收復河內失地，反擊趙韓，一敗趙於濁陽，再敗韓於馬陵。

又過數年，周顯王七年（前三六二年），趙韓三次聯合攻魏，均被魏軍所敗。魏惠王十餘年之四面作戰，深感國力疲乏，乃變更策略，意欲連結齊韓秦三方，專以對趙。於是，魏惠王對此三國展開外交攻勢。

周顯王十二年（前三五七年），惠王與韓昭侯會於鄗（鄗可能是邢之誤，因鄗在趙地，今河北省高邑縣；邢在河南省溫縣，正當韓魏邊界）。

周顯王十四年（前三五五年），惠王與齊威王獵於郊（魏齊兩國交界處）；同年，惠王與秦孝公會於杜平（今陝西省澄城縣）。魏惠王以上之行動，都是為攻趙的準備。惠王對韓、齊、秦之連絡既成，遂於周顯王十五年（前三五四年），令大將軍龐涓起兵伐趙，圍攻趙都邯鄲。趙求救於齊，齊威王發兵救之，於是引起齊魏桂陵之戰。

## 貳、戰場地理形勢（參看前圖）

桂陵之戰，以趙都邯鄲與魏都大梁（今河南開封），為趙、齊、魏三國之軍事活動範圍。邯鄲之西有太行山脈，蜿蜒至晉之西南為析城、王屋二山，將魏國分為東西兩部。邯鄲之北東南三面，均屬當時的黃河平原，邯鄲之南為漳水。漳水之北有鄴城，是魏國東方的軍事、經濟中心，鄴城即今之河南省臨漳縣。黃河之東有濮水，魏觀地在濮水之側，周顯王四年（前三六八年），齊軍大敗魏師於觀津，即在北區。

濮水之東南有濟水（今之黃河），衛國正在邯鄲與大梁之間，為趙魏爭奪之中心。在魏武侯時，趙魏對衛有激烈的爭奪。趙以邯鄲為基點，魏以大梁為基點。

宋國在大梁之東，宋之北有魯國，當時之魯已等同齊之屬國。而宋亦衰弱，宋地任由齊魏兩軍任意進出。故當時齊之戰略，南指襄陵（今河南睢縣），以進逼大梁。魏之大梁，為其東方政、經、軍、心之基地，然無山河之險，平原曠野，乃四戰之地。

齊乃東方泱泱大國，齊桓公即春秋時代霸主之首，到戰國之齊威王更有進取中原之勢。齊之北東南三面，依山海以自固，僅一面西向當魏，又有陽晉（今山東鉅野西南）、亢父（今山東濟臨西南）之險，攻守均佳。蘇秦曾說：「即有軍役，未嘗倍泰山，絕清河，過衛陽晉之道，經乎亢父之險，車不得方軌，騎不得比行，百人守險，千人不敢過也。」

按陽晉、亢父，都是齊之西南方通宋衛之要道，地勢險要，攻守咸宜，為齊出兵攻魏大梁進取中原之良好進路，所以齊威王於作戰會議時，商討如何出兵救趙，段干朋和孫臏，均選定以「南攻襄陵，引兵疾走魏都」之戰略，三十六計首計之「圍魏救趙」由此而來。

## 參、魏軍作戰方略

魏武侯即已結仇於趙韓兩國，惠王又承接其政策，乃以「抑趙挫韓」為當前之戰略目標，並企圖以此威服三晉。而此時，趙已遷都邯鄲（趙原都晉陽，今山西太原，至敬侯才遷都邯鄲），有南下併吞衛以威脅魏國東南之勢，且趙國形勢優越，有瞰制中原的作用。

魏惠王因之擬先攻取中山國（白狄之國，在今河北定縣及其附近），以威脅趙都。龐涓主張直攻趙都邯鄲，他說：「中山遠於魏而近於趙，與其遠征，不如近割，請為君直擣邯鄲。」

龐涓之意，攻克邯鄲，可阻止趙國勢力南下，而衛地也在控制之中，惠王從其議。（此時，惠王和龐涓都以為對齊已做了外交工作，故未考慮到齊國會出兵救趙之事，更料想不到齊會來一計「圍魏救趙」，可見古今以來，外交都是靠不住的。）

## 肆、齊軍作戰方略

周顯王十五年（前三五四年），魏將龐涓率大軍包圍趙都邯鄲，趙以中山之邑為賂求救於齊。於是，齊威王召大臣商議曰：「救趙孰與勿救？」齊相鄒忌主張不救。大夫段干朋說：「不救則不義，且不利。」

威王問為何？段干朋曰：「夫魏併邯鄲，其於齊何利哉？且夫救趙而軍其郊，是趙不伐而魏全也，故不如南攻襄陵（今河南睢縣西）以敝魏。邯鄲拔則可乘魏之敝。」威王從之。（見《史記・田敬仲完世家》威王段）

次年，齊威王使田忌為將，孫臏為軍師（按《通鑑周紀》，周顯王十六年所記，威王欲以孫臏為將，臏辭以刑餘之人不可，乃以田忌為將，孫臏為軍師，居輜車中，坐為計謀。）

起先，田忌欲引兵直趨邯鄲。孫臏建議曰：「夫解雜亂紛糾者不控拳，救鬥者不搏戟，批亢擣虛，形格勢禁，則自為解耳。今魏趙相攻，輕兵銳卒必竭於外，老弱疲於內。子不若引兵疾走魏都，據其衢道，衝其方虛，彼必釋趙以自救，是我一舉能解趙之圍，而收敝於魏也。」

孫臏之作戰方略，與段干朋相同，不過孫臏不以襄陵為目標，而以直搗大梁為目標，俾便選定桂陵為戰場，以殲擊魏軍之主力。

## 伍、兩軍作戰經過與結果

田忌既用孫臏之謀，遂引兵疾趣魏都大梁。時趙國邯鄲守將以齊軍久未至，已舉城降魏。惟龐涓於此時，聞齊軍進襲大梁，考慮大梁若失，將重傷魏國的東方戰略利益，為救東方根本計，乃留少部兵力守邯鄲，自率大軍回趨大梁。

齊軍聞龐涓自率大軍而歸（邯鄲到大梁約二百公里），孫臏判斷其歸路，即將進入魏境之齊軍後撤，屯於桂陵以待魏軍。龐涓知齊軍後撤，乃乘戰勝之威，進逼齊軍，兩軍戰於桂陵，齊軍以逸待勞，魏軍大敗而回，邯鄲之圍亦解矣。這是戰史上著名「圍魏救趙」，成為古今戰例之經典，這是孫臏「神級」的智慧。

## 陸、兩軍戰略作為之檢討

（魏國方面）龐涓主張直攻邯鄲，自較惠王之進攻中山為有利。蓋中山遠在北方，得之不能守。若能攻克邯鄲，不僅可以阻止趙國勢力南下，獲得河內地區安全；同時可得到冀南平原肥沃之地，對魏之經濟利益甚大。

邯鄲既降，則魏之前項目的已達，本應可慎重對齊採守勢。且此時齊軍已退，回師防守大梁足矣。龐涓不計於此，竟自率主力與齊軍決戰於桂陵，則其憑持戰勝之驕狂，為致敗之根源。

（齊國方面）段干朋的提議，不採取「救趙而軍其郊」的直攻邯鄲，而採南攻襄陵威脅魏軍後方之間接攻擊。孫臏則更進一步，「引兵直走大梁而收敝於魏」。二氏均主張採間接戰略，不僅獲戰場之主動權，且收「敝魏」之效，誠為更高一層之戰略。

孫臏所說：「夫解雜亂紛糾者，不控拳，不搏戟；批亢擣虛，形格勢禁，則自為解耳。」此即《孫武兵法》所謂「使敵前後不相及」原則之用。

齊軍佈陣於桂陵以待魏軍，選定陽晉道上有利地形，居高臨下，以逸待勞，故「勝兵先勝」；龐涓則憑勝趙之餘威，「敗兵先戰」，如兵法言「不知戰之地，不知戰之日」，宜其敗也。

# 第二章　齊魏馬陵之戰

齊魏在桂陵之戰後十三年（周顯王二十八年、前三四一年、魏惠王三十年、齊威王三十八年），又有馬陵之戰。此戰導至魏國衰落，而齊國則稱霸中原達五十七年，到周赧王三十年（前二八五年），燕樂毅破齊之戰止。所以，此戰也等於改變了戰國時代的「國際秩序」，本章略述馬陵之戰始末與影響。

## 壹、戰前一般形勢與魏惠王之作戰方略（參看前圖）

馬陵之戰，起於魏惠王伐韓。早先在桂陵之戰前四年（周顯王十二年，前三五七年），韓曾與魏爭宋之黃池（今河南省封邱西南）；桂陵之戰當年（周顯王十六年、前三五三年），韓乘魏桂陵之敗，北進伐東周，取陵觀、廩丘（今河南鞏縣附近）。

周顯王十七年（前三五二年），秦大良造商鞅伐魏，諸侯軍圍魏之襄陵，魏乃築長城，塞固陽（今陝西米脂縣）。此時，魏在多方面作戰下，欲暫時採取西守東攻之戰略。又明年（周顯王十八年），秦商鞅再攻魏，圍固陽而降之，這是魏於桂陵戰敗後，諸侯爭侵魏地之狀況。

此時，韓昭侯任用申不害為相，勵精圖治，國勢漸強，於是魏在南方又感到韓國之威脅。此時之魏國，秦脅於西，齊威於東，趙踞於北，韓強於南，其基本形勢已對魏國甚為不利。

魏惠王又展開外交攻勢，採「和趙抑韓」之戰略。將邯鄲歸還於趙，與趙成侯盟於漳水之上；越年再與秦孝公會於彤（今陝西長安附近），這些都為攻韓做準備。周顯王二十八年（前三四一年），發動攻韓之戰。

## 貳、齊軍作戰方略

魏龐涓率大軍伐韓，直攻韓都鄭（今河南新鄭）（韓初都平陽，今山西臨汾；

至景侯徙都陽翟，今河南禹縣；至哀侯都於鄭）。韓則於魏軍來攻時，遣使求救於齊。齊威王召大臣謀曰：「勿救則韓且折而入於魏，不如早救之。」

孫臏曰：「夫韓魏之兵未敝而救之，是吾代韓受魏之兵，顧反聽命於韓也。且魏有破國之志，韓見亡必東面而愬於齊矣。吾因深結韓之親，而晚承魏之敝，則可受重利而得尊名也。」

孫臏之意，先讓韓魏打一打，消耗掉他們力量，待魏軍疲困時再攻魏，才是制勝善策。齊王同意孫臏提議，乃陰許韓使而遣之。

## 參、齊魏兩軍作戰經過與結果

韓既恃有齊之救援，又恐於魏有滅韓之志，乃全力抵抗魏軍進攻，結果五戰皆敗，乃委國以聽命於齊。於是，齊威王命田忌、田嬰、田盼率軍救韓，孫臏為軍師。

此次齊軍仍直向大梁前進。龐涓得知，乃去韓而歸大梁。此時魏惠王有鑒於前次桂陵之敗，又憤於齊一再干預三晉之事，乃起舉國之兵伐齊，以龐涓為將，太子申為上將軍，求與齊決一死戰，直向齊軍前進。

齊軍向大梁前進時，得知魏王大舉發兵迎擊，志在與齊軍決戰。孫臏乃向田忌建議曰：「彼三晉之兵，素悍勇而輕齊，齊號為怯。善戰者因勢而利導之。兵法云，百里而趨利者，蹶上將軍；五十里而趨利者，軍半至。」遂建議齊軍向後撤退，以減灶之計誘魏軍深入。

田忌按孫臏所述，令齊軍先為十萬灶，明日減為五萬灶，又明日減為二萬灶，用以迷惑龐涓。龐涓追逐齊軍，行軍三日，果然中計，大喜說：「我固知齊軍怯，入吾地三日，士卒亡者過半矣。」（按當時之觀城、荷澤、定陶，均屬魏境；鉅野、鄆城則屬齊境，齊軍出境向大梁疾進。行三日，則將到開封之郊。）

龐涓中計，乃放下他的步兵主力，自率少部分輕便部隊，加速追逐齊軍。孫臏預計其行程，日暮當至馬陵道。馬陵道狹，兩旁多險阻，利於設伏兵，孫臏使齊軍在此佈陣，並於道旁大樹砍白，寫「龐涓死此樹下」六個大字。四周佈下萬人神射手，夾道埋伏，預訂暗號，日暮見大樹下火舉，便萬弩齊發。

龐涓自率之追兵，是夜果至馬陵道，見道旁大樹砍白處有字，乃令點火燭照明，未讀完，齊軍伏兵萬箭齊發，向魏軍圍攻，魏軍大亂，自相踐踏，失去掌控與連絡。龐涓自知智窮兵敗，乃自刎，曰：「遂成豎子之名」。齊軍乘勝追擊，遇魏太子申（魏惠王長子魏申）所率大軍，復大敗之，擄太子申而歸。

## 肆、戰後形勢與影響

魏自桂陵與馬陵兩役戰敗後，國力衰落。於是，秦齊趙三國於馬陵戰之次年，一致向魏進攻，各乘機侵佔魏地，魏國由此一衰不振。

齊國兩敗魏軍，國威大振，成為東方強國，其後之宣王、湣王，也都有作為，使齊國稱霸半個世紀。直到周赧王三十年（前二八五年），燕樂毅破齊之戰止。

三晉（魏、趙、韓）互鬥俱遭挫敗，使得西方之秦國，逐漸東出中原而壯大。秦自孝公用商鞅變法圖強，已歷二十年，國力日盛。

馬陵戰之次年，商鞅建議秦孝公伐魏。商鞅建言說：「秦之與魏，譬若人之有心腹疾，非魏併秦，即秦併魏。何者？魏居嶺阨之西，都安邑，與秦界河，而獨擅山東之利，利則西侵秦，病則東取地。今以君之賢，國賴以盛。而魏往年大敗於齊，諸侯叛之，可因此時伐魏。魏不支，必東徙，秦據河山以固，東向以制諸侯，此乃帝王之業也。」

秦孝公於是令商鞅率軍伐魏，魏使公子卬率軍迎戰。兩軍對峙時，商鞅寫了一封信給魏公子卬，信上說：「吾始與公子歡，今俱為兩國將，不忍相攻，可與公子面相見盟，樂飲而罷兵，以安秦魏。」公子果然與會盟，好酒才喝兩杯，商鞅伏甲士擄公子卬，且大破魏軍。

魏惠王復遭此慘敗，國內空虛，大為震恐，乃遣使割河西之地以求和，並從安邑徙都大梁。（按：商鞅也不講道德，公子卬也太天真。）

魏惠王面對兩敗於齊，一挫於秦，太子被虜，上將（龐涓）戰死，國勢衰落，乃改變政策，從尊禮高薪廣招人才開始。一時，鄒衍、淳于髡、孟子等，都到了魏國。《孟子》〈見梁惠王篇〉，勸惠王行仁政。（按：魏國因都大梁，所以歷史上稱魏惠王，也叫梁惠王。）孟子在魏十八年，無補於魏之衰敗，至惠王卒，襄王立，孟子就到齊國去了。

魏惠王當時，為休養生息計，也為緩和諸侯之兵，乃展開外交活動。兩會齊宣王於平阿之南（今蘇北沛縣附近）及鄄（今山東濮縣東南），又會諸侯於徐州，會秦於應（今河南魯山縣東）。

此時，秦已完全佔領河西關中之全域，造成高屋建嶺之形勢。關東諸侯最前線之韓魏，國力均殘破削弱，對秦之東進，無力抗衡。因此，有了蘇秦「合縱」聯盟之外交，連合關東各國抗秦之形勢。

## 伍、齊魏兩國之戰略檢討

（齊國方面）孫臏「晚救」之策略，乃運用「卞莊刺虎」之原理，「待弱者死，壯者傷，一舉而得兩虎之名。」而能「受重利而獲尊名」；其「深結韓之親」，可使韓全力抗魏，借韓之力削弱魏國國力，則魏易為謀也。

此一策略，放到正在開打的「俄烏戰爭」，多麼神似美國拜登的操盤。「待烏克蘭死，俄羅斯傷，一舉而得兩虎之名。」拜登「深結烏克蘭之親」，可使烏克蘭拼死抗俄，借烏克蘭人命削弱俄羅斯，則「俄易為謀也」。可見國與國之間，自古就這麼殘酷、殘忍，難怪《孫武兵法》曰：「兵者，詭道也。」

孫臏之後退戰略，與減灶驕敵及馬陵之設伏，是一連串的誘敵深入之計，是一個完整的「戰略、戰術套餐」，龐涓的戰略素養太低，一一食之，直到死期降臨。假使，不直擣大梁，不能使龐涓回兵；不後退，不能在馬陵道設伏；不減灶不能使龐涓乘勝而驕，自率輕銳追逐，三者聯合如環，真是千古之經典。誠如《孫武兵法》所言，「善用兵者，能使敵人前後不相及，眾寡不相恃，貴賤不相救，上下不相收。」

孫、龐二人，同一個師父（鬼谷子），但二人人品相差太大，甚至兩極，孫臏正派，龐涓邪惡；二人智慧相差也大，孫臏是戰略級人物，龐涓大約是戰術級人物。

（魏國方面）魏之戰略，在併韓以固中原之形勢。因魏之領土分河東、河西、河內、河外四部，土地橫亘東西，南北受韓趙夾制。其攻趙失敗，乃思南併韓地以自固，此種先擊破一面之戰略，殊未可厚非。惟伐趙時，後方守備兵力不足，才有桂陵之敗。馬陵之戰又重蹈故轍，殊為可惜！

馬陵之戰，雖是齊魏兩國之戰，然此一戰已改變戰國當時之國際形勢，為秦國與中原歷史之轉捩點。假設，魏惠王伐韓勝利，回師後在大梁控有強兵，採守勢而不去追逐齊軍，蓄猛虎在山之勢以制中原，則魏之霸業尚有可期，諸侯亦莫之奈何？

可惜惠王和龐涓都犯了兵家之「戰略錯誤」。惠王是怒而興師，徒以憤齊一再干預三晉之事，此種憤而興師，必致輕舉妄動；而龐涓驕兵狂妄，輕率前進以邀功為事。終至馬陵一戰，喪師辱國。

魏之衰敗，等於是秦之東方關隘已破，「虎狼之師」出山，中原形勢突變，歷史將近入另一個時代。此後，三晉無力掩護中原，中原諸侯為防秦紛擾百年，最後仍被併於秦，雖是大勢所趨，馬陵之戰則是開端，或曰禍端！

# 附錄一

## 《史記．孫武吳起列傳》與有關孫臏史略

孫子武者，齊人也，以兵法見於吳王闔廬。（時為周敬王五年，公元前五一五年，當時孔子年三十六歲，正在齊國與晏平仲遊。）闔廬曰：子之十三篇，吾盡觀之矣，可以小試勒兵乎？對曰：可。闔廬曰：可試以婦人乎？曰：可。於是許之，出宮中美女得百八十人。孫子分為二隊，以王之寵姬二人，各為隊長，皆令持戟。令之曰：汝知而心與左右手背乎，婦人曰：知之。孫子曰：前則視心，左視左手，右視右手，後即視背。婦人曰：諾。約束既布，乃設鐵鉞，即三令五申之。於是鼓之右，婦人大笑。孫子曰：約束不明，申令不熟，將之罪也。復三令五申，而鼓之左，婦人復大笑。孫子曰：約束不明，申令不熟，將之罪也；既

已明而不如法者，吏士之罪也，乃欲斬左右隊長。吳王從台上觀，見且斬愛姬，大駭。趣使使下令曰：寡人已知將軍能用兵矣。寡人非此二姬，食不甘味，願勿斬也。孫子曰：臣已受命為將，將在軍，君命有所不受。遂斬隊長二人以徇，用其次為隊長。於是復鼓之，婦人左右前後跪起，皆中規矩繩墨，無敢出聲。於是孫子使使報王曰：兵既整齊，王可試下觀之，唯王所欲用之，雖赴水火猶可也。吳王曰：將軍罷休就舍，寡人不願下觀。孫子曰：王徒好其言，不能用其實。於是闔廬知孫子能用兵，卒以為將，西破彊楚，入郢（郢為楚國都城，今湖北省江陵縣。）北威齊晉，顯名諸侯，孫子與有力焉。孫子既死，後百餘歲，有孫臏，臏生於阿鄄之間（阿在今山東省陽穀縣東，鄄在今山東省濮縣。）臏亦孫武之後世子孫也。孫臏嘗與龐涓俱學兵法，龐涓既事魏，得為惠王將軍，而自以為能不及孫臏，乃陰使召孫臏。臏至，龐涓恐其賢於己，疾之，則以法刑斷其兩足而黥之，欲隱勿見。齊使者如梁（梁，亦稱大梁，魏之都城，今河南省開封）。孫臏以刑徒陰見說齊使，齊使以為奇竊載與之齊，齊將田忌善而客待之。忌數與齊諸公子馳逐重射，孫子見其馬足不甚相遠，馬有上中下輩。於是孫子謂田忌曰：君弟重射，臣能令君勝，田忌信然之。與王及諸公子逐射千金，及臨質，孫子曰：

今以君之下駟與彼上駟，取君上駟，與彼中駟，取君中駟，與彼下駟。既馳三輩畢，而田忌一不勝，而再勝，卒得王千金。於是忌進孫子於威王，威王問兵法，遂以為師。其後魏伐趙（事在周顯王十五年，公元前三五四年），趙急，請救於齊。齊威王欲將孫臏，臏辭謝曰：刑餘之人，不可。於是乃以田忌為將，而以孫子為師，居輜車，坐為計謀。田忌欲引兵之趙。孫子曰：夫解雜亂紛糾者不控捲，救鬥者不搏撠，批亢擣虛，形格勢禁，則自為解耳。今梁趙相攻，輕兵銳卒，必竭於外，老弱罷於內，君不如引兵走大梁（按大梁，即魏都，今河南省開封。），據其街路，衝其方虛，彼必釋趙而自救，是我一舉解趙之圍，而收弊於魏也。田忌從之，魏果去邯鄲（邯鄲為趙國都城，今河北省邯鄲縣）與齊戰於桂陵（今山東省荷澤縣東廿里）大破梁軍。（時為周顯王十六年，公元前三五三年。後十五年，魏與趙攻韓，韓告急於齊，齊使田忌將而往，直走大梁（魏都）。魏將龐涓聞之，去韓而歸，齊既已過而西矣。孫子謂田忌曰：彼三晉之兵，素勇悍而輕齊，齊號為怯，善戰者因勢而利導之。兵法曰：百里而趣利者，蹶上將，五十里而趣利者，軍半至。使齊軍入魏地為十萬灶，明日為五萬灶，又明日，為三萬灶。龐涓行三日，大喜曰：我固知齊軍怯，士卒入吾地三日，亡者過半矣！乃棄其步軍，與其輕銳，倍日并行逐之。孫子度其行，暮當至馬陵（今山東省濮縣北廿里）。馬陵道狹，而旁多阻隘，可伏兵。乃斫大樹，白而書之曰：龐涓死於此樹之下。於是令齊軍善射者萬弩，夾道而伏。期曰：暮見火舉而俱發。龐涓果夜至斫木下，見白書，乃鑽火讀之。讀其書未畢，齊軍萬弩俱發，魏軍大亂相失。龐涓自知智窮兵敗，乃自剄曰：遂成豎子之名。齊因勝盡破其軍，虜魏太子申以歸。孫臏以此名顯天下，世傳其兵法。

# 附錄二

## 《孫臏兵法》出土經過

民國六十一年（西元一九七二年）四月，山東省博物館和臨沂縣文物組在臨沂縣銀雀山發掘的一號和二號漢墓裏，發現了《孫武兵法》、《孫臏兵法》、《管子》、《晏子》、《太公六韜》、《墨子》、《尉繚子》等大批竹簡和竹簡殘片。同竹簡一起出土的，還有漆器、陶器、銅器和錢幣等隨葬器物。經鑒定，這是兩座西漢前期的墓葬，出土的竹簡和其他器物，也都是當時的殉葬物。

臨沂縣城，北面是蒙山，向南是一片平坦的田野，沂河由北向南在這裏經過，臨沂縣因東臨沂水而得名。在臨沂舊縣城南一公里，有兩座隆起的小山崗，東西對峙，東崗名為金雀山，西崗名為銀雀山。據說這裏是一處規模較大的漢代墓地，這次發掘的兩座墓葬，也座落在這裏。

一號和二號墓室，都是長方形豎穴，是在岩石上開鑿而成的。因年代久遠，兩墓墓室上部殘損，並有積水。椁室完整，在墓坑與木椁之間，填入了質地細膩的灰白色粘土。一號墓椁室東側置棺，西側為邊箱，安放隨葬器物。二號墓正相反，西側置棺，東側為邊箱。棺身外髹黑漆，裏髹紅漆。兩墓棺內，各有戶骨一具，已腐朽鬆散，不能判明性別。這兩墓中，都有竹簡出土，據初步整理，一號墓出土竹簡，計有四千九百四十二枚，是在邊箱北端隨葬的漆木器和陶器的間隙中發現的，整簡每枚長二十七·六，寬·五至·九，厚·一至·二厘米。值得注意的，是這批竹簡，大部分都是兵法書籍。二號墓出土竹簡，亦有卅二枚，係「漢武帝元光元年曆譜」，基本完整。每片長六十九，寬一，厚零點二厘米，是在二號墓邊箱南端底部出土的。一號墓出土竹簡的文字，全為隸書，用毛筆蘸墨書寫，字體有的端正，也有的潦草，不是出于一人的手筆。由于長期在泥土水中浸泡，又受其他隨葬物的擠壓，竹簡已經散亂，表面呈深褐色，聯綴竹簡的綸繩，早已腐朽，在有的竹簡上，還可以看到一點痕迹；但用墨書寫的字迹，除了少數個別文字漫漶難辨外，絕大多數都很清晰。每個竹簡的字數，多少不等，整簡每枚多達四十餘字。在竹簡之上，有兩枚「半兩錢」和一枚「三銖錢」，可能是當時綴在竹簡的繩上作裝飾用的。

《孫臏兵法》經過整理後，已發現竹簡四百四十餘枚，字數達一萬一千字以上。《孫武兵法》亦整理出三百餘枚，孫武十三篇，都有文字保存，發現的篇名，和宋刻本《十一家注孫子》基本相同。在這批竹簡中，除了《孫武兵法》、《孫臏兵法》以外，還發現「六韜」和「尉繚子」兩部兵書，以及「管子」「晏子春秋」和「墨子」等攸關軍事政治的書籍。

這兩座墓的年代，由于出土的「半兩錢」和「三銖錢」，作了有力的見證。「漢書，武帝紀。」記載，建元元年（公元前一四〇年）始鑄「三銖錢」，到建元五年（公元前一三六年）停罷，流通的時間很短，因之可斷定一號墓的年代，不會早于建元元年。而未發現武帝元狩六年（公元前一一八年）始鑄的「五銖錢」，因之可斷定墓葬的年代，不會晚于元狩五年。則一號墓的年代，當在公元前一四〇年至公元前一一八年之間。二號墓內，除了出土的「半兩錢」外，還有「漢武帝元光元年（公元前一三四年）曆譜」，這似乎是埋葬者告知後人以埋葬之年代。依此推斷，此墓當在公元前一三四年埋葬。蓋曆譜是代表時間，埋葬者當不至以上年之陳曆本以附葬也。至于兩座墓的主人，由于資料缺乏，無法作出確實的判斷，在一號墓出土的兩個耳杯底部刻有隸書「司馬」二字，估計是墓主人的姓氏，不是官銜，因為一般習慣，不會把官銜刻在器物上的。但是從墓葬出土的大批兵書來看，可以肯定墓主是一位研究兵法，與軍事有關人物。司馬穰苴，為齊景公時的名將，捍燕晉之師，作兵書數十篇，《司馬法》一書即為其所作。自古列為《武經七書》之一，相傳已逾千年。此墓亦可能為穰苴之後人。在二號出土的陶罐上刻有「召氏十斗」四字，「召氏」亦可能是墓主的姓氏。

# 附錄三　十陣圖

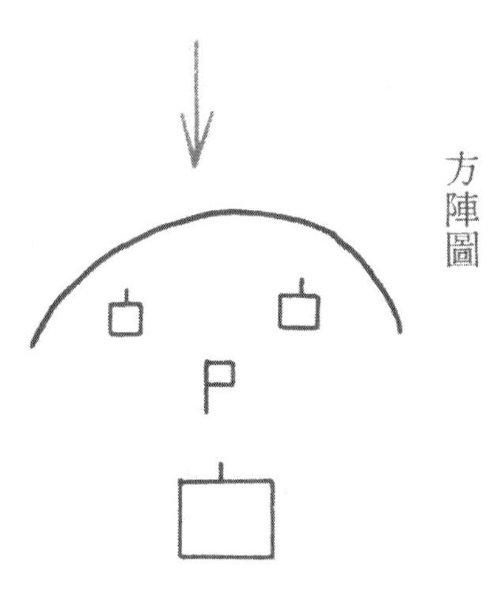


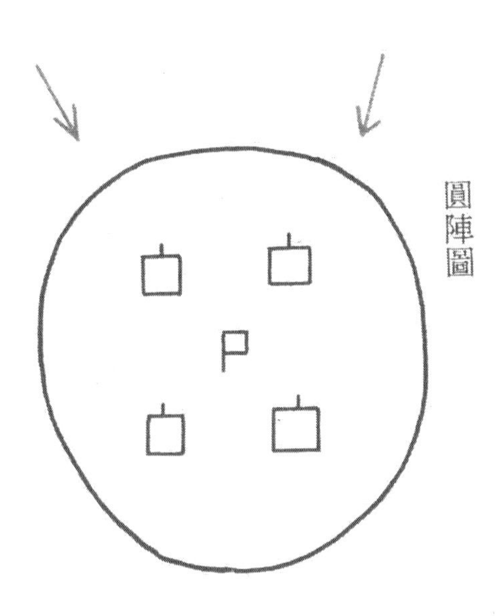

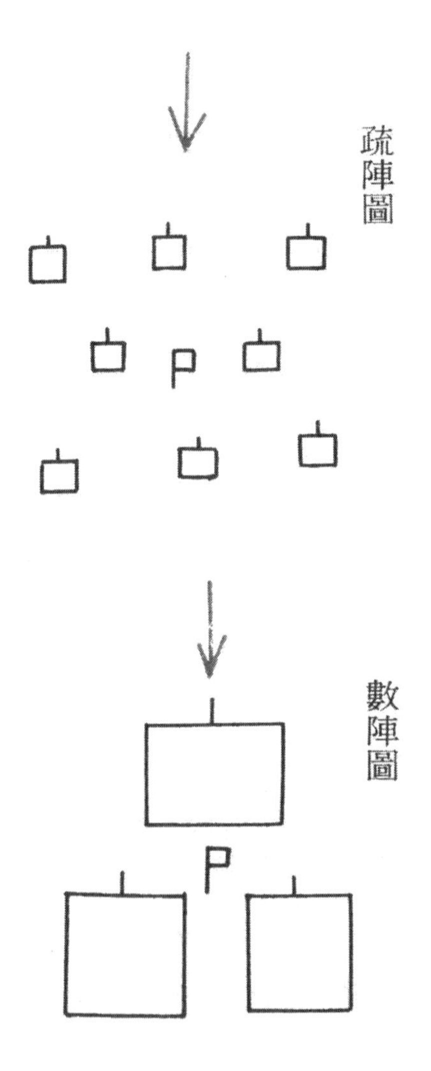
疏陣圖
數陣圖

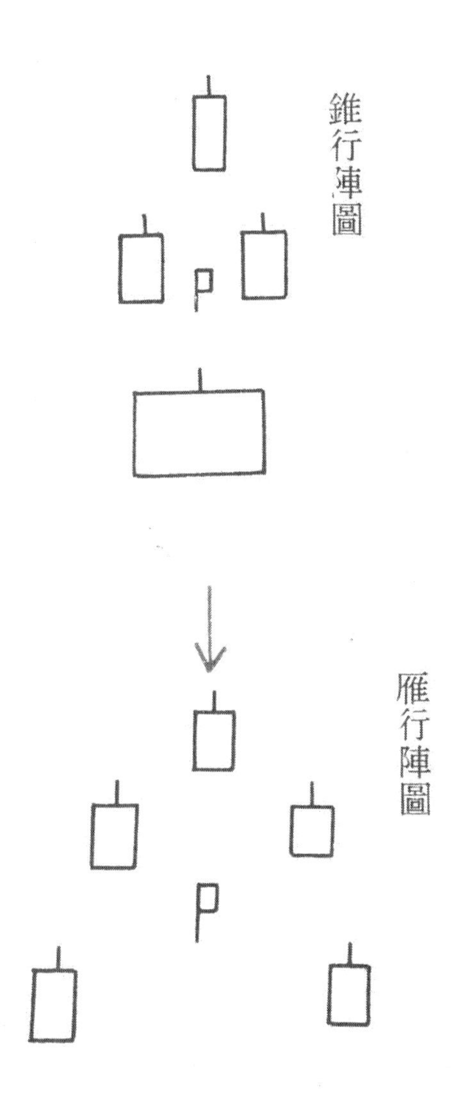
錐行陣圖
雁行陣圖

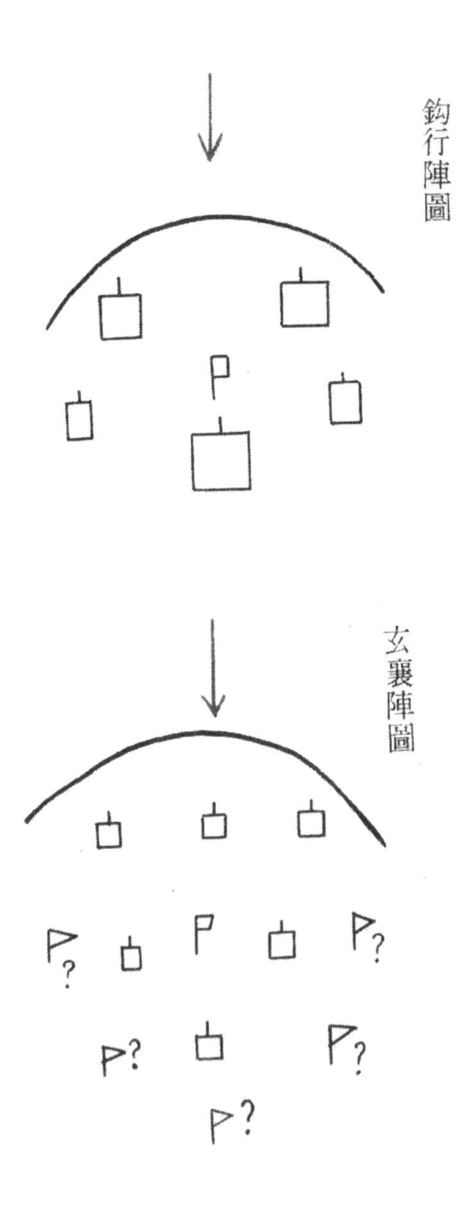
鈎行陣圖
玄襄陣圖

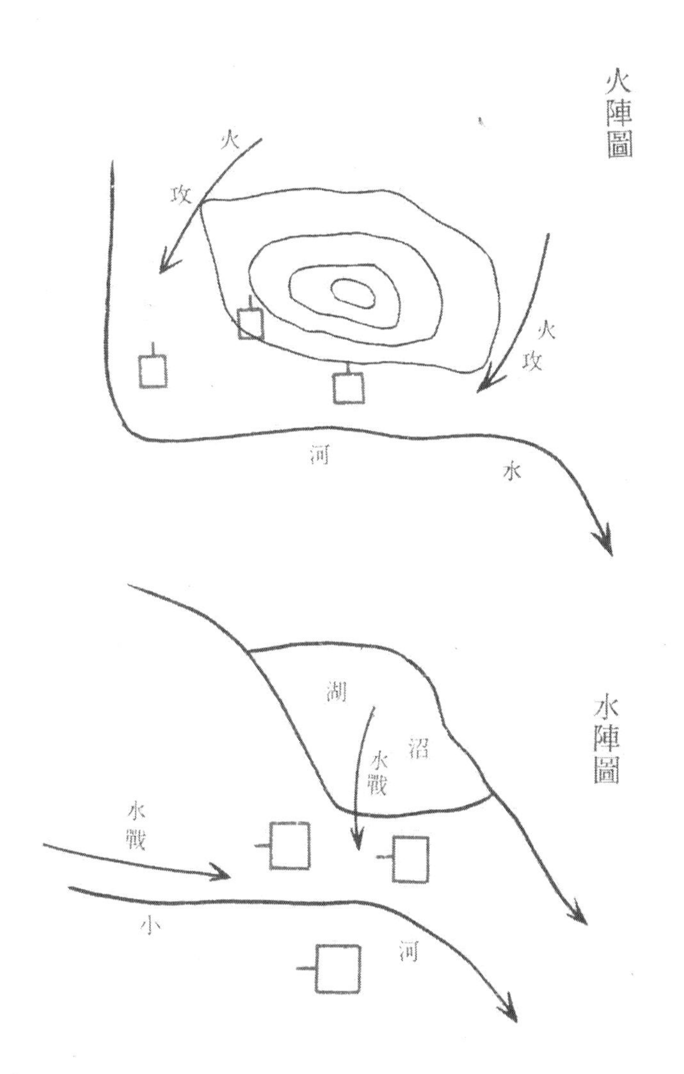
火陣圖
火
攻
火
攻
河
水
水陣圖
湖
沼
水
戰
水
戰
小
河

# 陳福成著作全編總目

## 壹、兩岸關係

①決戰閏八月
②防衛大台灣
③解開兩岸十大弔詭
④大陸政策與兩岸關係

## 貳、國家安全

⑤國家安全與情治機關的弔詭
⑥國家安全與戰略關係
⑦國家安全論壇。

## 參、中國學四部曲

⑧中國歷代戰爭新詮
⑨中國近代黨派發展研究新詮
⑩中國政治思想新詮
⑪中國四大兵法家新詮：孫子、吳起、孫臏、孔明

## 肆、歷史、人類、文化、宗教、會黨

⑫神劍與屠刀
⑬中國神譜
⑭天帝教的中華文化意涵
⑮奴婢妾匪到革命家之路：復興廣播電台謝雪紅訪講錄
⑯洪門、青幫與哥老會研究

## 伍、詩〈現代詩、傳統詩〉、文學

⑰幻夢花開一江山
⑱赤縣行腳・神州心旅
⑲「外公」與「外婆」的詩
⑳尋找一座山
㉑春秋記實
㉒性情世界
㉓春秋詩選
㉔八方風雲性情世界
㉕古晟的誕生
㉖把腳印典藏在雲端
㉗從魯迅文學醫人魂救國魂說起
㉘六十後詩雜記詩集

## 陸、現代詩（詩人、詩社）研究

㉙三月詩會研究
㉚我們的春秋大業：三月詩會二十年別集
㉛中國當代平民詩人王學忠
㉜讀詩稗記
㉝嚴謹與浪漫之間
㉞一信詩學研究：解剖一隻九頭詩鵠
㉟囚徒
㊱胡爾泰現代詩臆說
㊲王學忠籲天詩錄

## 柒、春秋典型人物研究、遊記

㊳山西芮城劉焦智「鳳梅人」報研究
㊴在「鳳梅人」小橋上
㊵我所知道的孫大公

# 2015 年 9 月後新著

| 編號 | 書　　　名 | 出版社 | 出版時間 | 定價 | 字數(萬) | 內容性質 |
|---|---|---|---|---|---|---|
| 81 | 一隻菜鳥的學佛初認識 | 文史哲 | 2015.09 | 460 | 12 | 學佛心得 |
| 82 | 海青青的天空 | 文史哲 | 2015.09 | 250 | 6 | 現代詩評 |
| 83 | 為播詩種與莊雲惠詩作初探 | 文史哲 | 2015.11 | 280 | 5 | 童詩、現代詩評 |
| 84 | 世界洪門歷史文化協會論壇 | 文史哲 | 2016.01 | 280 | 6 | 洪門活動紀錄 |
| 85 | 三搞統一：解剖共產黨、國民黨、民進黨怎樣搞統一 | 文史哲 | 2016.03 | 420 | 13 | 政治、統一 |
| 86 | 緣來艱辛非尋常－賞讀范揚松仿古體詩稿 | 文史哲 | 2016.04 | 400 | 9 | 詩、文學 |
| 87 | 大兵法家范蠡研究－商聖財神陶朱公傳奇 | 文史哲 | 2016.06 | 280 | 8 | 范蠡研究 |
| 88 | 典藏斷滅的文明：最後一代書寫身影的告別紀念 | 文史哲 | 2016.08 | 450 | 8 | 各種手稿 |
| 89 | 葉莎現代詩研究欣賞：靈山一朵花的美感 | 文史哲 | 2016.08 | 220 | 6 | 現代詩評 |
| 90 | 臺灣大學退休人員聯誼會第十屆理事長實記暨 2015～2016 重要事件簿 | 文史哲 | 2016.04 | 400 | 8 | 日記 |
| 91 | 我與當代中國大學圖書館的因緣 | 文史哲 | 2017.04 | 300 | 5 | 紀念狀 |
| 92 | 廣西參訪遊記（編著） | 文史哲 | 2016.10 | 300 | 6 | 詩、遊記 |
| 93 | 中國鄉土詩人金土作品研究 | 文史哲 | 2017.12 | 420 | 11 | 文學研究 |
| 94 | 暇豫翻翻《揚子江》詩刊：蟾蜍山麓讀書瑣記 | 文史哲 | 2018.02 | 320 | 7 | 文學研究 |
| 95 | 我讀上海《海上詩刊》：中國歷史園林豫園詩話瑣記 | 文史哲 | 2018.03 | 320 | 6 | 文學研究 |
| 96 | 天帝教第二人間使命：上帝加持中國統一之努力 | 文史哲 | 2018.03 | 460 | 13 | 宗教 |
| 97 | 范蠡致富研究與學習：商聖財神之實務與操作 | 文史哲 | 2018.06 | 280 | 8 | 文學研究 |
| 98 | 光陰簡史：我的影像回憶錄現代詩集 | 文史哲 | 2018.07 | 360 | 6 | 詩、文學 |
| 99 | 光陰考古學：失落圖像考古現代詩集 | 文史哲 | 2018.08 | 460 | 7 | 詩、文學 |
| 100 | 鄭雅文現代詩之佛法衍繹 | 文史哲 | 2018.08 | 240 | 6 | 文學研究 |
| 101 | 林錫嘉現代詩賞析 | 文史哲 | 2018.08 | 420 | 10 | 文學研究 |
| 102 | 現代田園詩人許其正作品研析 | 文史哲 | 2018.08 | 520 | 12 | 文學研究 |
| 103 | 莫渝現代詩賞析 | 文史哲 | 2018.08 | 320 | 7 | 文學研究 |
| 104 | 陳寧貴現代詩研究 | 文史哲 | 2018.08 | 380 | 9 | 文學研究 |
| 105 | 曾美霞現代詩研析 | 文史哲 | 2018.08 | 360 | 7 | 文學研究 |
| 106 | 劉正偉現代詩賞析 | 文史哲 | 2018.08 | 400 | 9 | 文學研究 |
| 107 | 陳福成著作述評：他的寫作人生 | 文史哲 | 2018.08 | 420 | 9 | 文學研究 |
| 108 | 舉起文化使命的火把：彭正雄出版及交流一甲子 | 文史哲 | 2018.08 | 480 | 9 | 文學研究 |

| 109 | 我讀北京《黃埔》雜誌的筆記 | 文史哲 | 2018.10 | 400 | 9 | 文學研究 |
|---|---|---|---|---|---|---|
| 110 | 北京天津廊坊參訪紀實 | 文史哲 | 2019.12 | 420 | 8 | 遊記 |
| 111 | 觀自在綠蒂詩話：無住生詩的漂泊詩人 | 文史哲 | 2019.12 | 420 | 14 | 文學研究 |
| 112 | 中國詩歌墾拓者海青青：《牡丹園》和《中原歌壇》 | 文史哲 | 2020.06 | 580 | 6 | 詩、文學 |
| 113 | 走過這一世的證據：影像回顧現代詩集 | 文史哲 | 2020.06 | 580 | 6 | 詩、文學 |
| 114 | 這一是我們同路的證據：影像回顧現代詩題集 | 文史哲 | 2020.06 | 540 | 6 | 詩、文學 |
| 115 | 感動世界：感動三界故事詩集 | 文史哲 | 2020.06 | 360 | 4 | 詩、文學 |
| 116 | 印加最後的獨白：蟾蜍山萬盛草齋詩稿 | 文史哲 | 2020.06 | 400 | 5 | 詩、文學 |
| 117 | 台大遺境：失落圖像現代詩題集 | 文史哲 | 2020.09 | 580 | 6 | 詩、文學 |
| 118 | 中國鄉土詩人金土作品研究反響選集 | 文史哲 | 2020.10 | 360 | 4 | 詩、文學 |
| 119 | 夢幻泡影：金剛人生現代詩經 | 文史哲 | 2020.11 | 580 | 6 | 詩、文學 |
| 120 | 范蠡完勝三十六計：智謀之理論與全方位實務操作 | 文史哲 | 2020.11 | 880 | 39 | 戰略研究 |
| 121 | 我與當代中國大學圖書館的因緣（三） | 文史哲 | 2021.01 | 580 | 6 | 詩、文學 |
| 122 | 這一世我們乘佛法行過神州大地：生身中國人的難得與光榮史詩 | 文史哲 | 2021.03 | 580 | 6 | 詩、文學 |
| 123 | 地瓜最後的獨白：陳福成長詩集 | 文史哲 | 2021.05 | 240 | 3 | 詩、文學 |
| 124 | 甘薯史記：陳福成超時空傳奇長詩劇 | 文史哲 | 2021.07 | 320 | 3 | 詩、文學 |
| 125 | 芋頭史記：陳福成科幻歷史傳奇長詩劇 | 文史哲 | 2021.08 | 350 | 3 | 詩、文學 |
| 126 | 這一世只做好一件事：為中華民族留下一筆文化公共財 | 文史哲 | 2021.09 | 380 | 6 | 人生記事 |
| 127 | 龍族魂：陳福成籲天錄詩集 | 文史哲 | 2021.09 | 380 | 6 | 詩、文學 |
| 128 | 歷史與真相 | 文史哲 | 2021.09 | 320 | 6 | 歷史反省 |
| 129 | 蔣毛最後的邂逅：陳福成中方夜譚春秋 | 文史哲 | 2021.10 | 300 | 6 | 科幻小說 |
| 130 | 大航海家鄭和：人類史上最早的慈航圖證 | 文史哲 | 2021.10 | 300 | 5 | 歷史 |
| 131 | 欣賞亞媺現代詩：懷念丁穎中國心 | 文史哲 | 2021.11 | 440 | 5 | 詩、文學 |
| 132 | 向明等八家詩讀後：被《食餘飲後集》電到 | 文史哲 | 2021.11 | 420 | 7 | 詩、文學 |
| 133 | 陳福成二〇二一年短詩集：躲進蓮藕孔洞內乘涼 | 文史哲 | 2021.12 | 380 | 3 | 詩、文學 |
| 134 | 中國新詩百年名家作品欣賞 | 文史哲 | 2022.01 | 460 | 8 | 新詩欣賞 |
| 135 | 流浪在神州邊陲的詩魂：台灣新詩人詩刊詩社 | 文史哲 | 2022.02 | 420 | 6 | 新詩欣賞 |
| 136 | 漂泊在神州邊陲的詩魂：台灣新詩人詩刊詩社 | 文史哲 | 2022.04 | 460 | 8 | 新詩欣賞 |
| 137 | 陸官 44 期福心會：暨一些黃埔情緣記事 | 文史哲 | 2022.05 | 320 | 4 | 人生記事 |
| 138 | 我躲進蓮藕孔洞內乘涼--2021 到 2022 的心情詩集 | 文史哲 | 2022.05 | 340 | 2 | 詩、文學 |
| 139 | 陳福成 70 自編年表：所見所做所寫事件簿 | 文史哲 | 2022.05 | 400 | 8 | 傳記 |
| 140 | 我的祖國行腳詩鈔：陳福成 70 歲紀念詩集 | 文史哲 | 2022.05 | 380 | 3 | 新詩欣賞 |

| 141 | 日本將不復存在：天譴一個民族 | 文史哲 | 2022.06 | 240 | 4 | 歷史研究 |
|---|---|---|---|---|---|---|
| 142 | 一個中國平民詩人的天命：王學忠詩的社會關懷 | 文史哲 | 2022.07 | 280 | 4 | 新詩欣賞 |
| 143 | 武經七書新註：中國文明文化富國強兵精要 | 文史哲 | 2022.08 | 540 | 16 | 兵書新注 |
| 144 | 孫臏兵法註：山東臨沂銀雀山漢墓竹簡 | 文史哲 | 2022.12 | 280 | 4 | 兵書新注 |
| | | | | | | |
| | | | | | | |
| | | | | | | |
| | | | | | | |
| | | | | | | |
| | | | | | | |
| | | | | | | |
| | | | | | | |
| | | | | | | |
| | | | | | | |
| | | | | | | |
| | | | | | | |

# 陳福成國防通識課程著編及其他作品

## （各級學校教科書及其他）

| 編號 | 書　　　　　名 | 出版社 | 教育部審定 |
|---|---|---|---|
| 1 | 國家安全概論（大學院校用） | 幼　獅 | 民國 86 年 |
| 2 | 國家安全概述（高中職、專科用） | 幼　獅 | 民國 86 年 |
| 3 | 國家安全概論（台灣大學專用書） | 台　大 | （臺大不送審） |
| 4 | 軍事研究（大專院校用）（註一） | 全　華 | 民國 95 年 |
| 5 | 國防通識（第一冊、高中學生用）（註二） | 龍　騰 | 民國 94 年課程要綱 |
| 6 | 國防通識（第二冊、高中學生用） | 龍　騰 | 同 |
| 7 | 國防通識（第三冊、高中學生用） | 龍　騰 | 同 |
| 8 | 國防通識（第四冊、高中學生用） | 龍　騰 | 同 |
| 9 | 國防通識（第一冊、教師專用） | 龍　騰 | 同 |
| 10 | 國防通識（第二冊、教師專用） | 龍　騰 | 同 |
| 11 | 國防通識（第三冊、教師專用） | 龍　騰 | 同 |
| 12 | 國防通識（第四冊、教師專用） | 龍　騰 | 同 |

註一　羅慶生、許競任、廖德智、秦昱華、陳福成合著，《軍事戰史》（臺北：全華圖書股份有限公司，二〇〇八年）。

註二　《國防通識》，學生課本四冊，教師專用四冊。由陳福成、李文師、李景素、頊臺民、陳國慶合著，陳福成也負責擔任主編。八冊全由龍騰文化事業股份有限公司出版。